EUSTASIA,

HISTOIRE ITALIENNE;

PAR B***. D'ARNAUD,

Auteur des *Epreuves du Sentiment*, etc., etc.

PREMIÈRE PARTIE.

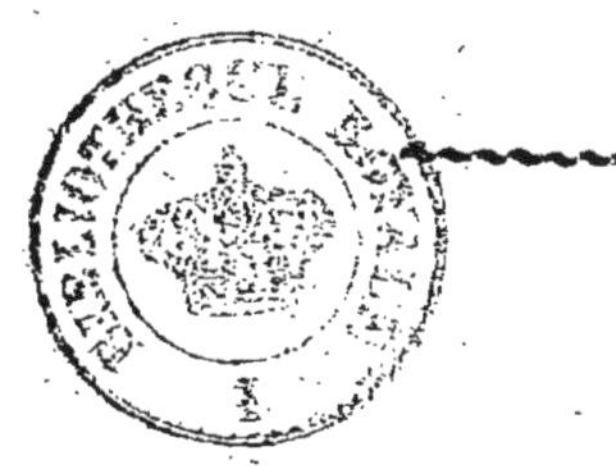

A PARIS,

Chez ANDRÉ, Imprimeur-Libraire, rue de
la Harpe, n°. 477.

AN ONZE. — 1803.

EUSTASIA.

PREMIÈRE PARTIE.

Eustasia est sortie d'une des familles les plus illustres qu'ait vu naître l'Italie; Rome compte parmi ses ancêtres des cardinaux, zélés défenseurs de la religion, et des capitaines dignes de son premier âge.

Le marquis de ***, dernier de ce nom, avait deux fils et une fille: l'un, par sa naissance et des qualités réelles qui lui étaient propres, s'était élevé au cardinalat: il envisageoit le trône pontifical comme le dernier degré qui

EUSTASIA,

HISTOIRE ITALIENNE.

His ergo omnibus perpensis, et maturè libratis, factum est, ut è re tum Christianâ, tum Publicâ futurum judicaverit, si status quidam Festorum dierum numerus, (isque quo contractior fieri posset) in toto Reipublicæ Territorio retinendus constitueretur, ut et omnes qui iisdem legibus continentur, æqualitate firmatâ, eamdem Disciplinam tenerent, et eorum dierum imminutione cùm levari multorum necessitas, tum facilior eorum qui reliqui fierent, observatio redderetur. Quare cùm ad hæc Primi etiam Reipublicæ Consulis desideria, et postulata accesserint, Nobis uti ejusdem Sanctitatis Suæ à Latere Legato injunxit, ut de Apostolicæ potestatis plenitudine, Festorum dierum, qui iidem Dominici non sint, numerum ad eos tantùm in universo Galliarum Reipublicæ Territorio contractos esse declararemus, quos ad calcem indulti hujus enumerabimus, ita ut posthac in reliquis Festis diebus omnes ejusdem incolæ non solùm à præcepto audiendi Missam vacandique ab operibus servilibus, sed à Jejunii etiam obligatione in diebus qui Festa hujusmodi proximè præcedunt, prorsùs absoluti censeantur et sint. Eam tamen legem adjectam esse voluit, ut in Festis diebus Vigiliisque eos præcedentibus, quæ suppressæ decernuntur, in omnibus Ecclesiis nihil de consueto Divinorum Officiorum Sacrarumque Cæremoniarum ordine ac ritu innovetur, sed omnia eâ prorsùs ratione peragantur, quâ hactenùs consueverunt, exceptis tamen Festi Epiphaniæ Domini, Sanctissimi Corporis Christi, SS. Apostolorum Petri et Pauli, et Sanctorum Patronorum cujuslibet Diœcesis et Parœciæ, quæ in Dominicâ proximè occurrente in omnibus Ecclesiis celebrabuntur.

Ad honorem autem SS. Apostolorum, et Martyrum Sanctitas Sua præcipit, ut tum in publicâ, tum in privatâ Horarum Canonicarum recitatione omnes qui ad illas tenentur in Solemnitate SS. Apostolorum Petri et Pauli Sanctorum omnium Apostolorun, in Festivitate verò S. Stephani Protomartyris omnium Sanctorum Martyrum commemorationem faciant, quod idem in Missis omnibus iisdem diebus celebrandis agendum erit. Eadem pariter Sanctitas Sua mandat, ut Anniversarium Dedicationis Templorum quæ in ejusdem Gallicanæ Reipublicæ Territorio erecta sunt in Dominicâ quæ Octavam Festivitatis omnium Sanctorum proximè

lui restait pour monter au faîte
des grandeurs ; l'autre occupait
dans les armées un poste hono-
rable ; il s'était attaché au service
du roi de Naples : moins ambitieux que son frère, il avait plus
de sagesse dans ses vues.

Eustasia, ainsi que ses frères,
devait se louer de la nature : l'ex-
trême beauté qu'elle joignait à
des vertus essentielles et à un esprit également solide et agréable,
la rendait la plus charmante
comme la plus estimable des personnes de son sexe ; si elle possédait le talent de plaire, elle ne
connaissait pas encore l'art d'aimer : heureuse ignorance ! Mais
elle touchait au terme trop funeste souvent, où l'amour allait

l'instruire et exiger le tribut que tous les cœurs sont forcés de lui payer tôt ou tard ; et il en est si peu qui sachent se dispenser de cette espèce de dette imposée par la nature.

Le marquis de*** , parmi ses gentilshommes, en avait un qu'on appelait *Marcello*, français de naissance, son véritable nom était *Léonce* ; une affaire d'honneur l'avait obligé de se retirer de sa patrie, et de fixer son séjour dans des contrées étrangères.

Les jalousies, les grilles, les verroux ne peuvent empêcher l'amour de s'introduire dans des lieux interdits même à sa vue. Eustasia avoit entendu parler avantageusement de Léonce : une

femme-de-chambre s'était attachée à lui en tracer le portrait,
sous les couleurs les plus séduisantes ; cette adroite corruptrice
fut la première qui insinua dans
le cœur de la jeune marquise ce
filtre si dangereux. Léonce avait
vu Eustasia dans une fête publique : un extérieur des plus inté-
ressans l'avait frappé ; notre
français, déjà épris, ne s'était
épargné aucun moyen de gagner
la confiance de la domestique qui,
de son côté, n'oubliait rien pour
rendre Léonce aimable aux yeux
de sa maîtresse ; elle épiait les
momens où Eustasia paraissait
laisser échapper quelque sentiment de faiblesse ; elle saisissait
toutes les occasions de lui parler

de l'amour. Est-il besoin d'en chercher ? Un jeune cœur ne s'élance-t-il pas au-devant de ces conversations si périlleuses ! La marquise écouta d'abord avec une sorte d'intérêt ce langage corrupteur; elle-même ensuite le parla : heureuse si elle en fût restée à ces entretiens trop funestes !

Silvia (c'est ainsi que se nommait l'intrigante) ne manqua point d'avertir *Léonce* de la situation où elle avait amené sa maîtresse ; il sut profiter de cette instruction si intéressante pour ses projets, et s'empressa d'écrire une lettre à *Eustasia* , où il s'était peint, selon l'usage, sous les traits du plus passionné, du plus fidèle

et en même-tems du plus respec-
tueux des amans.

Le respect est toujours la caution de l'amour, lorsqu'il ne commence qu'à naître.

Silvia fut chargée de remettre
la lettre entre les mains de la marquise : le succès était douteux ; si
Eustasia avait quelques momens
de faiblesse, combien était-il d'autres instans où la vertu venait rui-
ner toutes les espérances de Silvia!

L'honneur, tel que le conçoit
une femme , et une femme qui **a**
reçu les principes d'une éducation cultivée , est une espèce de
fantôme difficile à s'évanouir ;
mais a-t-il disparu une fois , rarement il se remontre.

Il est aisé de concevoir avec

quelle impatience Léonce attendait des nouvelles de sa démarche ; il n'en recevoit point.

Silvia enfin profite d'un moment favorable où elle pouvait
rendre la lettre. Sa maîtresse s'en-
tretenait avec elle de notre français : l'habile confidente croit
avoir saisi les mouvemens qui se
passaient dans le cœur d'Eustasia ; elle surprend une apparence
de faiblesse, se décide à lui montrer *l'écrit du séducteur* : la jeune
marquise s'emporte contre elle,
se radoucit, balance à recevoir la
fatale lettre, la prend enfin des
mains de Silvia, l'ouvre cependant
avec une sorte de répugnance, et
finit par la lire avec une attention
qui ne différait guère du plaisir.

La jeune personne ne marqua
pas d'abord moins de résistance
pour rendre une réponse : il fal-
lut renouveler les attaques ; Eustasia, après bien des combats,
allait prendre la plume, lorsqu'un
scrupule, qui n'était que trop *légitime*, venoit détruire les artifices si puissans de Silvia : enfin
celle-ci l'emporte ; un sentiment
qui aurait dû être rejeté, se trouve
d'accord avec elle. Léonce reçoit
le lendemain cette réponse si dé-
sirée : la marquise ne découvrait
pas toute la vérité de ce qu'elle
ressentait ; mais à la place du
mot d'*estime*, il était aisé de lire
celui d'*amour*.

Un amant a d'autres yeux qu'un
lecteur ordinaire. Le cœur, sur de

semblables objets, est plus éclairé
que l'esprit.

Léonce avait fait le premier pas
dans la carrière, il s'agissait d'en
faire un second, qui le conduisît
au but : ce n'était pas assez d'avoir
écrit, *il a recours encore à Silvia pour qu'elle lui ménageât un
entretien* avec la malheureuse
victime d'un penchant que chaque instant excitait davantage.
L'intrigante convient avec le
jeune homme qu'il se trouverait
à l'église où Eustasia avait cou-
tume d'entendre la messe.

La marquise, bien changée de ce
qu'elle s'était offerte à ses premiers
regards, s'étourdissait sur tout ce
qui pouvait combattre une passion
naissante ; elle se familiarisait

avec sa faiblesse : le moindre retour sur elle-même l'alarmait: de
la raison elle en appelait au cœur ;
et l'on doit bien s'attendre que celui-ci n'était qu'un juge complai-
sant, toujours prêt à décider en faveur d'un penchant déjà trop impérieux. Silvia, fidelle à son esprit
d'intrigue, s'attachait à entretenir
Eustasia dans la distraction de son
devoir. Là malheureuse victime de
la sensibilité ouvrait-elle un livre?
notre rusée confidente lui faisait
lire quelque anecdote amoureuse;
la conversation venait-elle à tomber sur le sujet le plus indifférent?
Silvia y savait faire entrer à propos
quelque trait relatif à l'amour; en
un mot, le tableau d'une passion qui entraîne tant d'épreuves

funestes, était continuellement
exposé sous les yeux de la jeune
personne.

Le jour enfin que Léonce regardait comme l'époque de son
bonheur arrive, seul jour où les
italiennes peuvent tromper les
yeux jaloux d'un mari, ou la surveillance de parens sévères et difficiles à se laisser abuser. Notre
français amoureux ne manqua
point de se rendre au lieu con-
venu : il voit la jeune marquise,
il en devient épris, il l'adore ;
c'est la seule divinité qu'il reconnaît alors : son voile em-
pêchait que tous ses charmes
parussent dans leur éclat, mais
il en laissait échapper toujours
quelques-uns qui faisaient naître

une heureuse prévention sur les autres.

Eustasia, de son côté, n'eut pas moins de dévotion pour l'amour; Léonce fit sur son cœur d'aussi vives impressions. On ne saurait guère dépeindre le désordre des deux amans: quelquefois Eustasia se révoltait contre l'usage de son pays : elle aurait voulu que Léonce eût pu lire dans ses yeux, des sentimens qu'elle était loin de réprimer; d'autres fois elle trouvait dans son voile un secours officieux qui cachait aux regards du public ce que ceux du français pouvaient entrevoir aisément, son cœur suffisait pour les éclairer. Autant de soupirs qui échappaient à la marquise, étaient

autant d'aveux d'une tendresse indiscrète.

Que l'amour donne de pénétra-
tion ! combien de fois Léonce dit
des yeux à la souveraine déclarée de son cœur : *Je vous aime !*

Enfin ils se retirent aussi satisfaits l'un de l'autre, que la cir-
constance avait pu les servir,
sans avoir été à portée de se dé-
clarer une passion qui ne faisait
que de trop rapides progrès.

Ce dernier coup acheva de frapper une vertu chancelante, dont
la faiblesse étoit dégénérée en accablement. Notre jeune amante,
(car Eustasia en avait déjà tout le
caractère), ne faisait plus qu'entrevoir la raison, ce qui différait
peu d'un aveuglement dont allait

résulter une suite de malheurs inévitables.

Après un semblable oubli de ses devoirs, il était impossible à Eustasia d'en rester à une simple entrevue ; elle éprouvait des combats , et l'issue en était toujours favorable à un penchant qu'elle aurait dû s'attacher à rejeter dès le premier instant de sa naissance. Quelle situation ! et que tout annonçait dans la marquise une défaite dont l'artificieuse Silvia n'assurait que trop le funeste succès !

Léonce ne cessait d'avoir recours à sa savante médiatrice. Eustasia desirait peut-être autant que lui une seconde entrevue , moins contrariée que la première ; mais la bienséance , qui sur-tout impose ses lois à un sexe qui doit en effet lui être asservi, l'arrêtait, malgré les insinuations d'un penchant toujours plus impérieux : Silvia connaissait trop sa maîtresse pour l'exposer à l'humiliation d'un aveu, que sa passion déjà trop dominante aurait pu lui arracher ; elle se contenta de l'entretenir adroitement dans des dispositions bien différentes de celles que la jeune personne aurait dû conserver.

Le croirait-on ! le séducteur parvient enfin à son but : il amène l'intrigante à la proposition de l'introduire dans l'appartement de la marquise : la demande était hardie ; mais l'intérêt présidait à la négociation : il était donc difficile que le projet ne fût pas adopté. Silvia, d'ailleurs, n'eut pas de peine à se flatter qu'on lui saurait gré de la démarche, et elle ne s'en imposait point.

Léonce paraît donc : il se précipite aux genoux d'Eustasia : les expressions les plus tendres, les plus vives ne sont pas épargnées : on verse des larmes ; on rejette cette apparition inattendue sur l'excès de l'amour qu'il n'est plus possible de surmonter ; on jure à l'objet qui l'a fait naître, une fidélité qui ne s'éteindra qu'avec la vie ; en un mot, tous les prestiges d'une des plus fortes sensations du cœur humain sont déployés ; tout, jusqu'au silence de l'amour, avait la force de l'expression.

C'est une des faiblesses du cœur humain, qu'on se laisse aisément persuader lorsqu'on aime. Eustasia demeura d'abord étonnée ; elle voulut faire succéder la colère à son trouble, elle regarda Léonce, et ce regard détruisit tous les efforts de la vertu. La passion l'emporta ; Léonce n'eut point de peine à se faire pardonner une démarche aussi indiscrète, aussi peu excusable. La marquise donnait le nom d'estime à l'amour le plus violent ; de son côté, Léonce opposait le terme de respect aux reproches qu'un reste de bienséance arrachait à sa maîtresse : elle le crut, ou feignit de le croire : c'est ainsi que les cœurs ouverts aux atteintes de l'amour, cherchent à s'en imposer.

On doit bien croire que notre suborneur ne s'arrêta point à cette première entrevue : il reparut le lendemain aux yeux de la marquise : nouveaux reproches, nouveaux sermens, et la résolution bien déterminée de se rendre plus coupable.

Sexe si intéressant, qui avez tant d'empire sur le nôtre, qui réunissez tant de charmes pour nous séduire, voilà où conduit une première faute ! Si Eustasia se fût absolument refusée aux occasions de se rapprocher de Léonce, elle eût donné des lois à ce penchant qui devoit produire ses infortunes comme ses erreurs.

Léonce joua plusieurs jours le même personnage; la marquise se familiarisait avec ces rendez-vous si éloignés de cette réserve dont ne doit jamais s'écarter une jeune personne qui connaît tout le prix de la vertu. Enfin, l'amour se montra dans tout son fatal enchantement.

Nos deux amans s'enivrèrent du poison corrupteur. La trop faible Eustasia tomba dans le *précipice* que lui avait ouvert un égarement appuyé des artifices de l'intrigante Silvia : le repentir tardif vint troubler ce prétendu bonheur si peu durable, qui avait fasciné des yeux, que le devoir et la raison auroient dû toujours éclairer. La marquise

allait payer cher sa faute. Le troi-
sième mois s'était écoulé : c'est
alors qu'elle envisagea sa situation dans toute son accablante
vérité. Les idées d'honneur, de
vertu même se joignaient à des
réflexions à-la-fois affligeantes
et infructueuses. On accablait
Silvia de reproches ; on croyait,
en rejetant ses erreurs sur elle
seule, se trouver moins coupable.
La voix de Léonce adoucissait
des remords naissans, éloignait
la perspective d'un avenir qui ne
pouvait inspirer que des craintes
difficiles à repousser ; mais quand
la marquise était livrée à la solitude, c'est dans ces momens qu'elle
éprouvait que la perte de la vertu
est suivie d'une sorte de punition

à laquelle il est difficile de se soustraire.

Le tems pressait ; il fallait s'occuper sérieusement du parti qu'on avait à prendre. Comment tromper tant de surveillans, dont les yeux, continuellement ouverts sur la conduite de la jeune personne, ne pouvaient se fermer que difficilement ? Mais que ne peut un Français inspiré par l'amour ?

Léonce profite de l'absence du marquis de ***, qui, pour quelques jours, s'était retiré à sa maison de Frascati : il propose une espèce de festin aux domestiques restés au service d'Eustasia : les offres sont bientôt acceptées ; à la fin du repas, il leur fait boire une

liqueur qui répand un assoupis-
sement général sur tous les con-
vives. Les deux amans profitent
de ce sommeil léthargique , se
hâtent de sortir de la maison avec
Silvia, s'éloignent de la ville à la
faveur des ténèbres, et prennent
la route de Marseille.

L'amour aveuglait Eustasia , et
ne lui laissait qu'entrevoir à peine
les suites funestes qui allaient
résulter d'une semblable conduite ; cependant les fatigues du
voyage, et sans doute le chagrin,
triste fruit de sa position, lui
avaient causé une indisposition,
que la perte de sa confidente ne
fit qu'augmenter : cette fille était
disparue : il y a lieu de croire que
la crainte de tomber entre les

mains du père de la marquise ;
l'avait engagée à se séparer ainsi
de sa maîtresse.

Eustasia passait pour l'épouse
de Léonce ; elle attendait un tems
plus favorable pour rendre légitimes des nœuds que l'amour
avait formés : ils espéraient se
rendre en France. Hélas ! ils
n'entendaient point l'orage qui
grondait sur leurs têtes.

L'indisposition de la marquise,
au bout de quelques jours, dégé-
nère en une maladie dangereuse.
Rester dans une hôtellerie, c'était
s'exposer à être reconnus : ils ne
doutaient point que le marquis ne
fît d'exactes perquisitions pour
découvrir le lieu de leur retraite ;
d'ailleurs la fortune commençait

à les abandonner : l'amour seul leur restait ; c'est dans ces circonstances accablantes qu'il faut appeler à son secours toute la faculté de réfléchir.

Léonce, après s'être consulté long-tems, rompt le silence, et son embarras de s'exprimer, annonce la répugnance qu'il éprouve à mettre au jour le projet qu'il dit avoir médité. Ce n'est pas sans balbutier, sans témoigner une sorte de douleur, qu'il propose à Eustasia de se retirer dans une de ces maisons publiques destinées aux malades indigens. « Cette » extrémité est fâcheuse, je ne la » sens que trop, ma chère Eusta- » sia ; mais c'est le dernier, et en » même-tems le plus sûr parti que

nous

» nous ayons à prendre..» La fille du marquis de ***(s'écrie la jeune personne, (pénétrée d'horreur aux premiers mots de cette proposition!) plutôt cent fois mourir !

Léonce se jette aux genoux de la déplorable victime de sa séduction, continue de lui représenter, en arrosant ses mains de larmes, qu'absolument ils n'ont pas d'autre moyen de se dérober à une poursuite qui les menace, et enfin de conserver l'existence d'un objet auquel il est plus attaché que jamais.

C'est dans ces cruels instans qu'Eustasia contemple toute la profondeur de l'abîme où son funeste égarement l'a précipitée;

B

elle revient sur l'illustration de sa naissance, sur la perte de ses biens, de son rang, sur un ou-trage dont va être couverte toute sa famille; elle a devant les yeux l'indignation, la colère de l'au-teur de ses jours, de tous ses parens; mais bientôt ses regards se sont attachés sur son amant, qui lui exposait tout son déses-poir: elle n'envisage plus que lui, et elle l'aimait plus que jamais. Elle a donc détourné sa vue de tous ces objets d'une douleur qui n'était que trop légitime. Enfin, la marquise de * * *, d'une des maisons les plus qualifiées d'Ita-lie, est conduite, par son amant même, dans quel séjour? à un hospice! L'infortunée ne se fit

point connaître ; le nom d'é-
pouse que lui donnait Léonce,
dissipait les soupçons qu'un autre
titre eût pu faire concevoir.

L'amour alors se métamor-
phose, dans un cœur si déchiré de
toutes parts, en une espèce de
vertu : l'amour-propre lui était
immolé ; lorsqu'une femme est
parvenue à sacrifier ce sentiment
si dominant à sa passion, elle est
plus vertueuse peut-être que
celles qui le sont par raison ou
par habitude.

Léonce ne manquait pas de
rendre, chaque jour, deux ou trois
visites à la malade : elle entrait
dans son huitième mois ; sa grossesse n'était point là cause de la position actuelle où elle se trouvait.

2

Une fièvre violente l'agitait. Le mal augmente ; on lui annonce un danger menaçant ; enfin on lui porte le dernier coup dont puisse être frappée la créature humaine : l'arrêt de sa mort lui a été prononcé.

La malheureuse Eustasia le reçoit avec une fermeté inconcevable : — « C'en est fait (dit-elle à Léonce, qui, presque évanoui à ses côtés, fondait en larmes), » le ciel me punit de mon crime, » si notre amour peut être appelé » de ce nom ; j'en dois seule porter » la peine, puisque je suis la seule » coupable. Je ne devais point » m'aveugler sur la nature des » devoirs imposés, sans doute » par la Divinité même, à mon

» sexe. J'ai oublié ma naissance,
» mon éducation, mon honneur.
» Hélas ! mon cher Léonce, ne
» me ressouviendrais-je plus en
» cet affreux moment, que de
» mon amour ! oui, je vous aime
» plus que jamais ! C'est en vain
» que je cherche à vaincre ce sen-
» timent... dont peut-être Dieu
» s'offense ! Mais c'est la dernière
» fois que cet aveu m'échappera ;
» et il est trop bon, trop bienfai-
» sant : il me le pardonnera....
» Tous vos maux, Léonce, car je
» ne doute point que vous ne
» partagiez l'horreur de ma si-
» tuation, vont se terminer avec
» ma vie. Ne cedez point à la dou-
» leur ; j'espérais vous laisser un
» gage de ma tendresse : cette

» image de notre amour aurait
» été sans cesse devant vos yeux ;
» elle vous eût rappelé le souvenir
» de la mère : ce même ciel qui me
» frappe, et il ne saurait qu'être
» juste, m'ôte tous les moyens
» d'apporter quelque soulagement
» à votre douleur ; l'idée seule
» d'être séparée de vous, m'accable
» mille fois plus que celle de la
» mort. Souvenez-vous (en ver-
» sant des pleurs) d'une infortu-
» née qui vous aima tendrement,
» à qui son amour a coûté la vie,
» et qui ne la regrette que pour
» vous...»—Quoi! s'écrie Léonce,
(en se précipitant tout en larmes
dans les bras de la marquise,)
« je te perdrais, mon adorable
» Eustasia! Ah! ne sois pas enlevée

(31)

» au plus fidèle, au plus passionné
» des amans ! Reviens à la vie
» pour faire notre bonheur mu-
» tuel , pour cet enfant malheu-
» reux que tu portes dans ton sein !
» Eustasia ! ma chère Eustasia !...»
Les larmes étouffaient sa voix ;
il regardait cet objet si chéri,
sans pouvoir prononcer un seul
mot; mais que cette douleur était
expressive ! «Mon ami (reprend
» la marquise) cessez de me faire
» appréhender la mort ! Dérobez-
» vous à ma vue ! fuyez... oubliez-
» moi ! » — « Que je vous oublie
» (interrompt Léonce.) Est-ce
» bien vous qui parlez ! Eustasia
» m'aime encore, et m'ordonne
» de l'oublier ! — » Voilà (poursuit la mourante) « l'unique

4

» bien que la fortune m'ait laissé :
» ce bracelet de mes cheveux est
» tout ce que je puis vous donner ;
» recevez-le comme un garant de
» cet amour que j'emporterai au
» tombeau ! Vous vivez..... je
» meurs contente puisque vous
» m'aimez encore.... Pour moi,
» dans ces derniers momens, je
» sens que je vous aime plus que
» jamais. Adieu, Léonce !... Que
» j'expire dans vos bras !... Que
» mon ame.... »

A peine Eustasia peut - elle
achever : la pâleur de la mort
vient se répandre sur son front ;
elle perd l'usage de la parole ; ses
yeux, au défaut de sa bouche, sont
encore restés les interprètes de
cette tendresse qui lui coûtait la

vie : ils étaient attachés sur ceux de son amant : elle lui serre tendrement la main, qu'il inondait d'un torrent de pleurs.... Les yeux enfin d'Eustasia se ferment.

Voilà de ces situations dont la violence ne saurait produire qu'un accablement qu'on pourrait appeler *la mort de l'esprit et du cœur* : qu'on se pénètre de ce tableau si douloureux !

La marquise n'offrait aux regards de Léonce qu'un spectacle qui, bientôt, le priva lui-même de la connaissance : on accourt : on le retire de cet affreux séjour.

Eustasia n'avait point rempli sa carrière de malheurs : elle devait renaître, en quelque sorte, pour supporter le poids d'une existence plus cruelle , sans doute , que cette mort qui est le terme de tous les maux. Elle sort de son sommeil léthargique pour arrêter son premier regard sur son amant : ses yeux le cherchent en vain : son nom est le seul mot qui échappe de sa bouche : quelle est sa surprise ou plutôt son désespoir, quand elle n'aperçoit plus Léonce à ses côtés! Elle demande de ses nouvelles : on lui apprend qu'il vient de quitter Marseille, et l'on ajoute qu'on ignore la route qu'il a prise.

La menace d'une fin prochaine n'avait point frappé Eustasia comme ce départ inattendu : l'étonnement, la douleur, la fureur même s'élevaient successi-

vement dans son cœur. — « Cruel
» et cher Léonce ! tu me quittes !
» tu me laisses entre les bras de
» la mort ! tu pars ! tu m'aban-
» donnes ! et tu m'aimais ! tu
» m'aimais ! est-il bien vrai ?....
» Je ne le verrai plus ! je ne
» verrai plus un ingrat pour qui
» j'ai tout sacrifié, ma fortune,
» mon rang, mon honneur, ma
« vie.... Léonce me serait enlevé
» pour jamais ! »

Cette idée seule faisait retomber la mourante dans de nouvelles faiblesses : tantôt elle laissait s'exhaler de profonds gémis-
semens ; tantôt elle levait des
yeux chargés de larmes vers le
ciel ; elle accablait de reproches
Léonce, comme s'il eût été présent ;

quelquefois elle passait rapide-
ment de la fureur à la tendresse
la plus passionnée : elle le justi-
fiait avec autant de vivacité qu'elle
l'avait condamné.

A combien de métamorphoses
l'amour est-il soumis ! Que de
formes différentes il prend! Croirait-on que la source des plaisirs
puisse devenir, s'il est permis de
s'exprimer ainsi un torrent de
douleurs, et dès revers les plus
accablans ! Perdre tout ce qu'on
aime, au moment qu'on se voit
assuré de le posséder ! n'est - ce
point là l'excès des souffrances
de l'ame !

La fortune ne se montraitpas
plus favorable que l'amour à la
femme, peut-être, la plus sensible

et la plus *aimante*. Nous reviendrons toujours à cette plainte : oui, le ciel semblait ne laisser l'existence à la marquise, que pour lui faire essuyer un supplice plus cruel que la mort même.

Sa santé traînoit après elle une langueur plus accablante qu'une maladie déclarée. On n'eut point égard à sa grossesse, on la renvoya sans pitié.

La compassion, qui devrait être une des premières sensations de la créature humaine, paraît souvent lui être entièrement étrangère.

Eustasia, privée absolument de toute espérance que son amant lui serait rendu, quitte enfin avec empressement une ville témoin de son désastre ; elle marchait au hasard, succombant sous le fardeau de ses peines. Le trait perçant qui la déchirait plus vivement, était le ressouvenir de son amant. Réduite aux plus tristes extrémités, sans secours, obligée de déguiser sa naissance, de taire son nom, exposée, à chaque instant, aux recherches de son père, traînant avec elle le malheureux fruit d'une faute dont alors elle envisageait toute l'étendue, abîmée dans la douleur, et n'en sortant que pour y retomber plus profondément, n'ayant d'autre motif de consolation à se présenter, que la prompte fin de son existence: telle était la déplorable position d'une misérable victime de la sensibilité.

Jeunes personnes, jeunes per-

sonnes qui me lisez, qu'une punition peut-être trop rigoureuse, ne
s'efface point de votre mémoire !
voilà les suites terribles et né-
cessaires d'une malheureuse faiblesse dont vous ne sauriez trop
vous garantir.

Eustasia s'avançait, incertaine
où ses pas chancelans la condui-
saient. La chaleur du jour était
excessive; elle s'assied aux bords
d'un *chemin qui touchait* à un
petit bois ; là, elle s'abandonne
au bouleversement des idées les
plus sinistres : occupée cependant
plus encore de son amour que de
l'horreur de son état actuel, le
nom de *Léonce* était la seule expression qui lui échappât.

Cœurs sensibles, vous appro-

priez-vous bien une aussi déchi-
rante situation ?

Une dame qui avait une ferme
à quelques pas de - là, vient à
passer par cette route : la phy-
sionomie d'Eustasia, sa profonde
tristesse, ses pleurs, excitent la
compassion de Laure (c'est ainsi
que la dame s'appeloit), elle
s'empresse d'aborder la marquise, lui demande le sujet de sa
douleur : Eustasia répond (en
versant une plus grande abondance de larmes) que son mari
l'a abandonnée, qu'elle était
étrangère en ce pays : elle ajoute
qu'elle était la fille d'un fermier.

Laure n'eut pas besoin d'autres éclaircissemens pour ouvrir
son cœur à ce sentiment qui

honore tant l'humanité : la pitié
lui fait sentir toute l'impression
d'un intérêt puissant ; un simple
récit a satisfait sa curiosité : elle
n'hésite donc point à proposer à
la malheureuse Eustasia, de l'ac-
compagner, et de choisir sa maison pour asyle : celle-ci accepte,
avec le témoignage d'une vive
reconnaissance, des offres si avan-
tageuses, et qui semblaient être un
vrai miracle de la Suprême Bien-
faisance. Peu de jours après, elle
donne la naissance à une fille dont
la destinée ne devait guère dif-
férer de celle de sa mère. Mais
ne perdons point de vue notre
principal personnage.

La marquise se rendait utile à
sa bienfaitrice par mille petits

services qui prouvaient aisément qu'elle eût voulu faire éclater davantage son ame reconnais-sante ; sa vie retirée la dérobait aux recherches de sa famille.

Qu'alors Eustasia sentait toute l'étendue de sa faute ! Sa passion, car l'objet n'en sortait point de son cœur, semblait la dominer avec moins de violence : le tems, bien supérieur à la raison, lui avait apporté ce calme qui fait supporter les plus cruelles épreu-ves; mais cette espèce d'adoucisse-ment à ses peines ne fermait point les blessures profondes qui lui dé-chiraient le cœur : elle ne pouvait oublier son amant, et s'éclairer sur les causes d'un éloignement aussi funeste et aussi imprévu.

Julie (c'était le nom de sa fille)
la consolait de toutes ses disgra-
ces: cette aimable enfant croissait,
tous les jours, en beauté ; elle
ouvrit à peine les yeux, qu'elle les
arrêta sur les images de la douleur : elle semblait se montrer
déjà sensible : tristes pressenti-
mens pour un cœur qui, dans un
âge si tendre, se laissait émou-
voir.

Eustasia remplissait utilement
tous ses instans de loisir ; elle
savait oublier l'espèce d'orgueil
qu'avait pu lui inspirer son rang,
pour se livrer à des occupations
lucratives : elle s'attachait à filer
de la soie : le gain qu'elle en re-
tirait, suffisait pour son entretien et celui de son enfant ; ainsi

tombée du plus haut degré où l'avaient placée la naissance et la fortune, elle se trouvait forcée de traîner ses jours dans un état obscur, et d'avoir même recours à ses mains pour ne pas ramper au sein de la misère.

Sa fille avait déjà atteint sa septième année; elle ignorait son origine : sa mère attendait un tems plus favorable pour lui dé-couvrir la source de ses mal-heurs.

Laure avait un fils d'un âge à-peu-près égal à celui de Julie; ces deux enfans, élevés ensemble, entretenaient l'un pour l'autre une amitié réciproque : la voix de la nature paraissait déjà se faire entendre à leurs cœurs à peine formés; leurs amuṣemens, leurs affections étaient les mê-mes : ils n'avaient d'autre plaisir que celui de se voir, de se parler.

Octave (c'était le nom du fils *de Laure*) *et Julie* assurément n'auraient pu donner une défini-tion de ce qu'ils ressentaient ; mais cette ignorance de soi-mê-me, n'est souvent qu'une con-naissance resserrée que l'âge développe : *deux jeunes cœurs se cherchent mutuellement* ; ils ignorent quel penchant les entraî-ne : étonnés de ces impressions, ils s'y abandonnent tout entiers ; la nature cache à leurs yeux la main qui fait agir ces ressorts ; ils ne voient qu'une jouissance inno-cente, que leur bonheur présent, sans étendre la vue sur ces tristes images que nous découvre la ré- flexion dans la perspective de l'avenir.

Eustasia, par une sorte d'aveu- glement qui semble être une des imperfections attachées à la qualité de père ou de mère, n'en- visageait dans cette inclination réciproque, qu'un des besoins de l'enfance, celui de réunir ses amusemens, de remplir ses mo- mens de loisir; elle ne saisissait point le caractère d'une passion qui se fortifiait avec les années. Julie était-elle séparée d'Octave, tombait dans une profonde mé- lancolie : le voyait-elle un seul instant, ces ombres de tristesse se dissipaient......; le fils de

Laure éprouvait les mêmes impressions.

Julie n'avait point encore atteint treize ans ; sa mère, enfin, commence à ouvrir les yeux sur un penchant qu'elle - même semblait avoir flatté : elle ne permet plus à sa fille d'avoir des conversations si fréquentes avec Octave ; celui-ci, de son côté , était retenu par la même surveillance : à peine avaient-ils la liberté de se parler ; mais leurs yeux , instruits déjà par un sentiment dont ils ne connaissaient pas même le nom, savaient à propos lancer des regards plus doux , plus tendres que les entretiens les plus longs et les plus passionnés. Combien de fois se révoltèrent-ils en secret, contre la sévérité de leurs parens! Combien de fois cherchèrent-ils eux-mêmes à pénétrer le motif d'une défense qui contrariait si tyranniquement leur penchant! Hélas! ils n'étaient point éclairés sur la nature de ces impressions qui, chaque jour, les dominaient avec plus de force.

Julie enfin se servit d'un moyen qui pût les favoriser dans cette inclination déjà si prononcée : elle conçut le dessein d'écrire à son ami, c'est ainsi qu'elle appeloit son amant : à peine savait-elle former des caractères : mais l'amour est un maître dont on reçoit avidement les instructions, et leurs progrès sont rapides : il conduisit la plume de

son

son écolière , et lui dicta lui-
même cette lettre :

   « Je ne sais, mon cher Octave,
» pourquoi l'on nous défend de
» nous voir : mon amitié pour
» vous est si forte , que je ne
» puis vous exprimer la peine
» que je ressens d'être séparée de
» vous. Je ne saurais m'imaginer
» que j'aye commis une faute, en
» vous aimant ; vous m'avez dit
» tant de fois que vous m'aimiez,
» que vous m'avez inspiré de la
» reconnaissance , et tous les
» jours ma mère me répète que
» la reconnaissance est une vertu.
» Depuis que je suis privée de la
» satisfaction de vous entretenir,
» il me semble que je ne suis plus
» la même ; tout me devient

» insupportable ; moi-même je
» me hais. Qu'ai-je fait à ma mère
» pour me maltraiter ainsi ? Je
» vous ai sans cesse devant les
» yeux ; je me rappelle tout ce
» que vous me disiez , quand
» nous nous trouvions ensemble.
» Je vous l'avouerai , je tâchais
» de paraître jolie à vos yeux ;
» lorsque vous m'assuriez que
» j'étais aimable , je le croyais ,
» mon ami , et ce mot seul de
» votre bouche me causait un
» plaisir infini. Depuis que
» nous ne nous voyons plus , j'ai
» cessé de me regarder dans le
» miroir. Votre mère me dit
» quelquefois que je suis belle ;
» mais ce compliment de sa part,
» je vous parle vrai, ne me touche

» nullement : il me semble cepen-
» dant qu'elle se sert de vos
» mêmes termes ; ce qui me plaît
» dans votre bouche, cela est bien
» singulier, me devient indiffé-
» rent dans la sienne. En vérité,
» je ne me comprends pas moi-
» même ; je sens mille choses que
» je voudrois exprimer... Aimez-
» moi comme je vous aime ; ce
» mot est la seule expression la
» plus favorable pour vous rendre
» ma pensée. Oui, mon bon ami,
» je vous aime de tout mon cœur.

» Relisez bien ma lettre, et
» sur-tout ayez soin de la tenir
» cachée. »   JULIE.

La jeune personne, déjà ingé-
nieuse dans les moyens de faire
connaître ses sentimens, eut

l'adresse de glisser la lettre dans
la main d'Octave : il courut aussitôt la lire dans un bois peu écarté
de la maison. Que cette lecture,
bien différente de celles qu'il
avait à supporter, le toucha vivement ! vingt fois il reporta ses
regards sur l'écrit, et avait de la
peine à les en détacher. Que l'expression *je vous aime* lui faisait
goûter de plaisir ! Il ne pouvait
contenir sa joie : il auroit voulu
faire part à tout le monde de ce
qu'il ressentait ; cependant le desir
de plaire à Julie le retenait et le
forçait à la discrétion. Il est dans
notre nature de ne nous croire
véritablement heureux, que lorsque nous pouvons publier ce
qui nous affecte agréablement ;

cependant notre amant, car c'était
bien un amant décidé, sut obéir
à son amie et garder le silence.

Le soir vient; le fils de Laure
se rend à la maison. L'heure du
souper étant arrivée, il se place à
côté de Julie : sa vue acheva de
le troubler; il passait de la ré-
flexion la plus profonde, à la
vivacité la plus grande ; il avait
ses yeux, toute son ame fixés sur
Julie et ne la voyait point, tous
ses sens étaient suspendus.

On sort de table; il se retire
dans sa chambre, plus épris que
jamais, et fait, à l'objet qui lui
était si cher, la réponse suivante:

« Que je suis malheureux, mon
» adorable amie, de ne pouvoir
» exprimer tout ce que vous me

» faites ressentir ! Votre lettre
» m'a causé un plaisir... il ne m'est
» pas possible de vous donner
» une idée de mon ravissement.
» J'ignore, ainsi que vous, le motif
» de nos malheurs ! Oh ! que je
» souffre ! que je souffre ! Serait-
» ce un crime de s'aimer ? votre
» mère n'aime - t - elle pas la
» mienne ? Peuvent-elles défendre
» aux autres ce qu'elles se per-
» mettent si librement ? Il faut
» absolument que tout ceci naisse
» de quelque raison qui nous est
» cachée. Oui, belle Julie, c'est
» en vain qu'on voudrait s'y op-
» poser : malgré votre mère,
» malgré la mienne, malgré tout,
» je vous chérirai toujours, rien
» ne saurait m'en empêcher.

» J'aime bien ma mère, mais je
» vous aime encore plus : faut-il
» qu'il n'y ait pas de mot plus
» expressif que celui de *je vous*
» *aime !* vous ne l'avez employé
» que trois fois dans votre lettre !
» Qu'elle m'a charmé! je l'ai placée
» sur mon cœur; je l'en retire
» vingt fois par jour pour la cou-
» vrir de baisers, ô les plus ten-
» dres! Souvenez-vous, ma divine
» amie, que rien, rien au monde
» ne saurait me séparer de vous ;
» que c'est pour la vie que je vous
« suis attaché : on me donnerait
» plutôt la mort, que de m'ôter
» un seul de ces sentimens que je
» ne puis vous exprimer. C'est
» mon cœur même que je vous
» envoie ».   O c t a v e.

4

Le jeune amant remet le lendemain cette lettre à Julie, et il a
recours au même expédient dont
elle s'étoit servie. Il serait impossible de faire concevoir l'étonnement, le plaisir, le ravissement
que ressent la jeune personne à
la lecture de cet écrit ; il suffira
de dire que sa joie fut encore au-
dessus de celle d'Octave.

Le plaisir est toujours plus vif
dans l'ame d'une femme.

Nos deux amans entretenaient
un commerce de lettres; quoiqu'ils
ne répétassent que les mêmes
choses, cette correspondance leur
procurait toujours un nouveau
plaisir.

Laure et Eustasia redoublent
de sévérité. Octave et Julie ne

se voyaient que rarement ; celle-
ci s'occupait avec sa mère. Laure
ayant encoré assez de bien pour
cultiver l'éducation de son fils,
lui faisait apprendre tout ce qui
peut étendre les lumières de l'esprit, et préférablement ce qui
tend à l'entretien et à la perfection des mœurs.

Le jour était arrivé où l'amour
devait surmonter tous les obs-
tacles que les deux mères lui
opposaient inutilement : des af-
faires indispensables les appellent
à la ville ; elles sont obligées de
manquer à leur précaution ordinaire : alors les deux jeunes personnes s'abandonnent à la liberté
qu'elles ont de se trouver seules ;
le plaisir de se voir, de pouvoir

C 5

s'entretenir au gré d'un desir si impérieux , qu'elles n'avaient pu satisfaire jusqu'à ce moment, l'objet
de tous leurs souhaits , retenait
tous leurs sens suspendus : ils
demeurent quelque tems immo-
biles ; Octave le premier sort de
cette espèce de léthargie.

« Quoi ! (s'écrie-t-il) est-il
» possible , ô ma charmante, mon
» unique amie ! de vous voir , de
» vous parler librement , sans
» crainte de vous assurer de tout
» mon cœur que je vous aime, que
» je n'aime rien au monde autant
» que vous, pas même ma mère ,
» qui, vous ne l'ignorez point, est,
» après vous, tout ce que je dois
» chérir le plus..... Vous ne ré-
» pondez point ! »

Julie, toujours plus troublée,
d'une voix incertaine, laisse enfin
s'échapper ces paroles : « Mon
» silence parle assez... Je ne sais
» ce que je sens, la joie, la crainte...
» Je vous aime, Octave ; hélas !
» vous avez bien dû vous en
» appercevoir !... Cependant je
» ne vous le dis qu'en tremblant :
» aurais-je à me reprocher une
» faute ? .... Si ma mère nous
» voyait ! — » Eh ! pensez-vous,
» (interrompt notre amant pas-
» sionné) qu'elle désapprou-
» verait notre tendresse ?... Ne
» faut-il pas un jour que vous
» preniez un mari ? Serais-je cou-
» pable en portant mes vœux
» jusqu'à cet excès de bonheur ?
» Si votre amour, charmante

» Julie , répondait à tous les
» transports du mien , vous n'hé-
» siteriez pas.... Eh! pourquoi
» n'instruiriez-vous point votre
» mère d'un penchant qu'elle ne
» saurait qu'approuver? Pour moi,
» je ferai à la mienne l'aveu d'un
» sentiment qu'il ne m'est plus
» possible de renfermer dans un
» cœur trop rempli de vous, mon
» adorable Julie !

Cet entretien allait devenir
plus vif ; l'un et l'autre touchaient
au moment que cette innocence
si précieuse, l'heureux partage de
l'enfance, les abandonnait. L'arrivée des deux mères réprime des
transports que désavoue la vertu,
si la nature, trop complaisante,
semble les favoriser. La jeune

personne ne pouvait regarder Octave sans rougir ; enfin elle se dérobe aux regards d'Eustasia, et court se retirer dans son appartement, l'esprit et le cœur frappés d'une égale agitation.

Seule, elle réfléchit sur la situation où se trouve un cœur qui avait de la peine à se rendre compte des diverses impressions qu'il éprouvait : elle goûtait une sorte d'ivresse à se dire qu'elle était aimée autant qu'elle aimait ; cependant elle ne s'avouait qu'avec peine cette passion qui bouleversait tous ses sens ; elle ne se dissimulait point qu'elle avait des reproches à se faire, en laissant éclater un penchant qu'elle déguisait à sa mère : —Non, (s'écrie

t-elle dans ce désordre d'idées
qui l'accablait), « je ne veux plus
» voir Octave ; je ne veux plus
» l'aimer... Ne plus t'aimer, Oc-
» tave ! eh ! cet effort est-il en mon
» pouvoir ? Quel empire as-tu sur
» les cœurs , pour avoir ainsi
» changé le mien ? Depuis que tu
» m'as entretenue de ce penchant
» qui fait , hélas ! le malheur de
» tous deux , je ne jouis d'aucun
» repos , d'aucune tranquillité !
» tout ce que je vois, te rappelle à
» mes yeux ; tout ce que j'aime te
» retrace à mon cœur ; tout ce
» que je souhaite, n'a d'autre objet
» que toi !... Etrange position !
» ah ! je devrais te fuir ; une voix
» que je ne voudrais pas entendre,
» me crie au fond de mon cœur,

» que j'ai manqué à mon devoir,
» à ma mère, à moi-même, senti-
» ment que, jusqu'à présent, j'i-
» gnorais.... Mais l'amitié serait-
» elle blâmable ! Octave ne mérite-
» t-il pas une tendresse supérieure
» même à celle qu'on ressent pour
» ses parens ?... Que je suis à plain-
» dre, au sein même du bonheur !
» Je suis aimée d'Octave, et je me
» trouve à plaindre ! je me trouve
» coupable ! Devrais-je avoir quel-
» que secret pour ma tendre mère,
» qui, jusqu'ici, m'a donné tant de
» témoignages de bonté ? Ah ! je lui
» avouerai tout. Et si elle allait
» s'opposer à cette funeste inclina-
» tion, me défendre d'aimer Oc-
» tave... Est-il un état plus déplo-
» rable que le mien ? »

L'infortunée victime d'une passion déjà trop déclarée, était bien loin d'en réprimer les transports : lorsqu'on s'arrête sur les faiblesses du cœur, il est difficile que la raison ait le dessus ; on croit soulager sa blessure, en y appliquant des remèdes qui ne servent qu'à l'irriter. Veut-on ne point céder à un penchant qu'on est encore le maître de surmonter ? il faut rompre toute conversation avec soi-même. La défiance de ses forces est le meilleur moyen pour conserver sa liberté.

Octave n'éprouvait pas moins d'agitation que sa maîtresse, mais la nature l'éclairait davantage sur ce qu'il ressentait ; et, sans le retour de sa mère, une ardeur, jusqu'ici innocente, eût pu devenir condamnable : la science de l'amour est celle qu'on acquiert le plus facilement.

Eustasia, que Julie attendait peu, se montre à ses regards, et s'apperçoit d'un trouble que sa malheureuse fille se serait vaine-ment efforcée de cacher : elle en veut découvrir l'objet. En vain une amante encore novice oppose une dissimulation mal affermie, à des demandes pressantes : la mère persiste, se sert de ses droits pour entrer dans un cœur qui se refusait à la lumière; Julie balance long-tems ; enfin elle s'explique en tremblant :

« Puisque vous m'y forcez, ma » tendre mère, il faut développer

» à vos yeux les plus profonds
» replis de mon ame.... Oui, il est
» tems que vous connaissiez le
» mal.... dont je suis consumée.
» Que je serais heureuse si vous
» pouviez y apporter quelque re-
» mède !.... Octave.... — Eh bien !
» (interrompt Eustasia) achevez..
» — Vous ne m'entendez pas !
» (reprend Julie), à ce nom, je
» ne sais pourquoi je rougis....
» Octave, ma mère... Octave est
» l'auteur seul du désordre qui
» s'est emparé de tous mes sens ;
» j'ai pour lui.... l'amitié la plus
» vive, et c'est cette amitié qui
» cause le trouble où vous me
» voyez. »

Eustasia n'avait pas besoin d'un
plus long éclaircissement, pour

(6₇)

découvrir le vrai sentiment caché
sous le nom de l'amitié.

« C'en est assez, ma fille, je
» connais mieux que vous, sans
» doute, la funeste impression
» qui vous domine : apprenez
» qu'elle vous est défendue par le
» ciel. Cessez, Julie, d'aimer
» Octave... — Que je cesse d'aimer
» Octave! ah, ma mère! je ces-
» serais plutôt de vivre.... mon
» cœur, malgré moi, m'emporte
» à vous désobéir sur cet objet,
» moi qui ne respire que l'empres-
» sement de vous témoigner ma
» soumission! d'ailleurs, permet-
» tez-moi de vous demander pour
» quelle raison le ciel condam-
» nerait-il cette amitié ? s'il ne
» l'approuvait pas, il effacerait

» ce sentiment de mon cœur,
» puisqu'il est le maître de nos
» actions et de nos pensées..... Je
» suis donc coupable, en vous ai-
» mant? — Non, (reprend Eus-
» tasia avec vivacité) il suffit que
» je vous l'ordonne, ce n'est pas à
» vous à vouloir pénétrer les mo-
» tifs de ma défense... obéissez. —
» Eh bien! (répond sa fille), il vous
» reste un moyen, ma mère, pour
» me rendre plus soumise à vos
» volontés : arrachez - moi d'un
» lieu si funeste à mon repos.....
» arrachez-moi à moi-même, (en
» laissant s'échapper des pleurs);
» que je ne voie plus... le dirai-je?...
» épargnez - moi la douleur de
» prononcer contre votre malheu-
» reuse fille, un arrêt si rigoureux...

» Je sais.... que j'en mourrai....
» mais j'aurai la consolation de
» vous obéir. »

L'abondance des larmes vient
ôter à Julie l'usage de la voix ; sa
naïveté, sa soumission, sa douleur, tout la rendait plus chère
et plus excusable aux yeux d'une
mère qui, elle-même, n'avait que
trop éprouvé l'ascendant d'un
sentiment que tant de circonstances rendaient préjudiciable au
malheureux objet qui s'en laissait
dominer.

— « Léonce, cher Léonce !
» (s'écrie Eustasia, comme empor-
» tée par un mouvement qu'elle
» ne saurait maîtriser,) en quels
» lieux êtes-vous? vous ignorez
» tous les maux que vous causez!

» l'amour vous consacre deux vic-
» times : n'en était-ce pas assez
» d'une ? fallait-il y ajouter celle-
» ci ?

» Julie, (poursuit cette mère
» plus agitée que sa fille) oubliez,
» rejetez une passion qui nous
» rendrait toutes les deux malheu-
» reuses !... Hélas ! vous ne savez
» pas encore toutes vos infortunes !
» apprenez donc, ma chère enfant,
» apprenez un secret que je me
» sens obligée de vous révéler....
» peut-être le devoir imposera-t-
» il des lois à ce penchant qu'il
» faut absolument que vous re-
» poussiez. Sachez que vous êtes
» d'une condition au-dessus de
» celle d'Octave, et que vous ne
» pouvez l'aimer, sans en ternir

» l'éclat, sans manquer aux con-
» ventions auxquelles nous som-
» mes tous assujétis, sans offenser
» votre devoir , l'honneur , la
» vertu. »

Enfin cette mère si digne de compassion , dévoile ce que, jusqu'à
cette époque, elle avoit eu la force
de ne point découvrir ; sa naissance , son amour pour Léonce ,
sa fuite , ses revers , ses revers
si accablans.

Julie , à ce récit , semblait
éprouver les diverses vicissitudes
de la malheureuse révolution
qu'avait essuyée sa mère ; Eustasia
avait su pourtant écarter des
traits peu favorables à la peinture
de ses infortunes : elle donnait
le nom d'époux à Léonce : ce

titre rendait ses fautes moins con-
damnables;celui d'amant n'eût pas
été une leçon conforme à celles
dont elle voulait pénétrer sa fille.

Eh bien! (dit Julie , en laissant
» exhaler un profond soupir), il
» ne faut donc plus que j'aime
» Octave! victime du devoir , je
» suis immolée à ma condition !
» Eh! l'amitié n'unit — elle point
» tous les cœurs ? »

Eustasia était attendrie sur
l'état de sa fille; Julie succombait
sous un accablement inexprimable ; de combien d'épreuves
cruelles l'amour est la source!
que ses peines l'emportent sur
ses plaisirs ! ce sentiment est
d'autant plus dangereux qu'il le
paraît moins.

Un

(73)

Un bruit confus, mêlé de cris perçans , vient retirer Julie et Eustasia de leur abattement : elles courent, elles volent aux fenêtres de leur appartement : quel spectacle épouvantable a frappé leurs regards ! Octave, tout couvert de sang , les yeux fermés , la pâleur de la mort répandue sur son visage ; Laure le tenant entre ses bras , s'abandonnant au désespoir le plus violent ; une foule de voisins en pleurs à la suite de cet appareil lugubre. Il ne fallait que le moindre trait de cette horrible image, pour ôter à Julie l'usage de ses sens : elle tombe expirante dans les bras de sa mère ; elle veut parler : des sanglots s'opposent au passage

I. D

de sa voix ; elle fait de vains efforts pour regarder Octave : un torrent de pleurs lui en dérobe la vue : elle tente de traîner ses pas vers son amant ; ses genoux lui refusent leur secours : elle est enfin succombante sous le poids de la douleur.

Octave, d'une voix éteinte, demande, comme une grace dernière, qu'on le conduise à l'appartement de sa chère Julie: Laure l'y conduit, aidée d'Eustasia.

On étend le blessé sur le lit de sa maîtresse, qui était assise à côté de sa mère, l'ame remplie d'un spectacle aussi déchirant ; Octave arrosait de larmes sa main qu'il tenait serrée entre la sienne. Les deux mères, livrées à une sensibilité presque semblable, ne pouvaient retenir leurs sanglots. Le seul mot que le mourant s'efforçait de prononcer, n'était que le nom d'un objet qui, dans ce cruel moment, paraissait occuper son ame entière ; l'idée de la mort l'accablait moins que la douleur de se voir pour jamais séparé de ce qui semblait le retenir encore à la vie.

Sa blessure était dangereuse ; on apprit de sa propre bouche sa funeste aventure : il s'était un peu avancé dans le bois : il avait entendu des cris qui partaient d'une caverne prochaine ; conduit par cette voix plaintive, il était entré dans le souterrain : il y avait trouvé deux hommes qui allaient

en massacrer impitoyablement
un autre d'un âge avancé : Octave,
surpris d'un transport de compassion , sans s'arrêter à sa faiblesse, s'imaginant que la pitié
lui tiendrait lieu de force , avait
entrepris de secourir ce malheureux ; mais le ciel avait semblé
ne point favoriser une si louable
intention : les meurtriers s'em-
pressèrent de l'entraîner hors de
la caverne ; après lui avoir porté
un coup de poignard ils l'éten-
dirent sur la terre, à l'entrée du
bois : la crainte d'être découverts
les avoit sans doute poussés à ce
nouvel excès de barbarie.

Julie enfin reprend ses esprits ;
elle ouvre ses yeux et rencontre
ceux d'Octave attachés sur les

siens. Les deux amans n'avaient
point la force de se parler ; Julie,
cependant, fait un effort si grand
sur elle-même, que sa voix s'ouvre un passage à travers les gémis-
semens et les larmes : — « Cher
» Octave, (en redoublant ses
» pleurs) est-il possible que je
» vous voie dans une aussi affreuse
» situation ! C'est vous !.... c'est
» vous !... mes yeux auraient peine
» à le croire, si mon cœur ne me
» disait que cela n'est que trop
» vrai.... Ah ! quelque violent que
» soit votre mal, il n'égale pas le
» mien... O ciel !... eh ! si votre vie
» étoit en danger ! »

A cette idée seule la jeune
personne frissonnait d'horreur :
tantôt elle regardait tendrement

3

Octave; tantôt elle levait les yeux vers le ciel comme pour lui reprocher une injustice : chaque soupir qui échappait à son amant, était autant de traits qui perçaient son cœur.

La mort est beaucoup moins terrible qu'une telle position. Qu'on souffre lorsqu'on se voit prêt de perdre tout ce qu'on aime! est-il quelque coup plus accablant! Peu de lecteurs s'attacheront à cette situation , parce qu'il est peu de cœurs qui sachent vraiment aimer.

« Ma chère Julie, (reprend » Octave d'une voix expirante) » vous me rendez chers mes maux » puisque vous semblez les partager! je me trouve heureux de

» faire couler vos larmes Hélas !
» je ne connais tout le prix de
» mon bonheur , qu'à l'instant
» même où il faut qu'il me soit
» ravi. Peut-être, Julie... le trépas
» va-t-il nous séparer !.. Souvenez-
» vous toujours qu'Octave n'aima
» que vous.... qu'il n'a vécu que
» pour vous... la mort serait pour
» moi le premier des biens, si je
» lui devais l'espérance si conso-
» lante, si chère, de revivre dans
» votre cœur ! ».

Le malheureux jeune homme
n'en peut dire davantage ; le chi-
rurgien qui avait soin de sa blessure, appréhendait que tant d'agitation ne la rouvrît : il pria Eustasia
de faire retirer sa fille dans une
chambre voisine de l'appartement

où elles étoient : Julie obéit, non
sans montrer sa douleur d'être
obligée de se séparer d'un objet
qui avait pris tant d'empire sur
son ame ; mais il suffisait que la
santé d'Octave l'exigeât ; elle aimait beaucoup mieux immoler
le plaisir de le voir, que de jouir
d'un bonheur qui s'opposait à la
guérison de son amant.

Eustasia, depuis quelque tems,
s'appercevait que Laure avait des
attentions pour Octave, différentes de celles d'une mère ;
ses soupçons se fortifièrent :
Laure, dans les transports de
sa douleur, avait laissé échapper quelques expressions qui
firent juger à Eustasia qu'Octave
ne pouvait être son fils ; elle sentit

redoubler sa curiosité, et ne put s'empêcher d'en donner quelques indices.

Laure enfin se trouve obligée, par la tendre amitié qu'elle ressentait pour Eustasia, de lui révéler un secret qu'elle lui avait caché jusqu'à ce moment : elle profite de quelques heures où Octave reposait, pour satisfaire son amie, impatiente d'être éclairée sur un fait que Laure lui raconta ainsi :

HISTOIRE DE LAURE.

Il est inutile d'entrer ici dans tous les détails de mes malheurs : je me bornerai à vous en offrir un apperçu, qui suffira pour vous donner une idée de ma situation.

Je suis née avec ces malheurs si accablans, et je ne vous les aurais jamais appris sans l'espèce de conformité de destinée qui semble nous rapprocher.

Vous devez avoir observé que ma fortune et mon état présent sont des plus médiocres : assurément j'occupe un rang bien différent de celui que je devrais tenir. Je perdis ma mère, au moment de ma naissance. Mon père était un gentilhomme Espagnol, qui ne jouissait que d'un bien modique, mais dont en revanche la probité égalait la noblesse. Au-dessus de la fortune par ses vertus, il savait en supporter avec fermeté les injustices. Je reçus de lui une éducation convenable à ma naissance : il regardait avec raison ce bien comme le plus précieux de tous, et celui qu'on cherche aujourd'hui le moins à acquérir. J'entrais dans ma seizième année : c'est l'âge où l'on commence à ne plus goûter les plaisirs innocens, et à en chercher d'autres dont le trouble accompagne la jouissance. Un jeune homme nommé Fabricio, me voit dans une fête publique : l'éclat que la jeunesse me donnait, joint à quelques agrémens dont m'avoit favorisée la nature, le convertit en un amant des plus passionnés. Il me demande en mariage à mon père : sa noblesse n'égalait point la mienne ; mais il possédait des revenus considérables; il avait d'ailleurs des qualités réelles : outre ces avantages, ses parens occupaient des charges distinguées, qui leur ouvraient le chemin de la faveur.

Mon père consentit donc sans peine à cette alliance : il voulait faire mon bonheur, et je le trouvais dans un époux tel que Fabricio.

Je ne dois pas oublier de vous dire que mon amant avait un rival assez redoutable : *Dom Joseph de Padillo*, neveu du duc de Medina – Celi, prétendait l'emporter sur lui : ce jeune homme était de la première condition, d'une figure avantageuse, d'un courage signalé; mais il

gâtait son brillant extérieur par
de mauvaises qualités qui effa-
çaient les bonnes : il était fier ,
ambitieux, quereleur , inhumain ,
sans conduite , en un mot , tel
que sont la plupart de nos jeunes
seigneurs du moment présent.
Vous devez vous attendre que je
ne balançai point sur le choix
que j'avais à faire. Dès l'âge le
plus tendre , grace aux sages instructions que je recevais, je m'é-
tais laissé conduire par la raison :
le rang ne m'en imposait pas : je
cherchais l'homme vraiment estimable dans le noble ; la naissance
ne fait que nous avilir davantage
lorsque la vertu, le vrai mérite
n'en soutiennent pas les droits.
Je n'hésitai donc point à donner

la préférence à Fabricio sur son rival. Enfin il reçut ma main.

Le jour arrive où j'étois réservée sans doute au plus grand des malheurs. Nous sortions de l'église, quand j'apperçois un homme furieux qui fendait la presse, et vient fondre, l'épée à la main, sur mon époux, et le percer de plusieurs coups... Ah! cette image, cette horrible image m'est encore présente! souffrez que je suspende mon récit un instant: la voix me manque, je me sens suffoquée par un sentiment de douleur que je ne parviendrai jamais à surmonter.

Laure garde donc le silence quelques momens; et reprenant la parole, continue ainsi:

Je n'eus pas de peine à reconnaître le meurtrier ; c'était ce monstre de Dom Joseph de Padillo. Mes parens courent, s'élancent sur lui ; mon père, animé par la vengeance, et plus ardent encore que les autres, joint l'assasin : il levait le bras pour le frapper, et lui préparait le coup mortel, lorsque, le dirai-je ? ce père malheureux en est atteint lui-même.

Vous jugez de ma situation : je me voyais enlever à la fois mon père et mon époux.

On m'emporte de ce lieu, privée de connoissance et presque expirante. Mon père, sentant approcher sa fin, voulut me voir avant que de mourir : il me fait avancer

près de son lit : mes larmes cou-
laient en abondance :

« Ne pleurez point, ma fille,
» (me dit ce père infortuné, en
» m'embrassant;) laissez la plainte
» et les vains regrets à des cœurs
» timides. Votre époux et votre
» père ont été égorgés injustement
» sous vos yeux; Laure, c'est à vous
» de les venger. Oui, faites succé-
» der l'ardeur d'une noble ven-
» geance, aux faibles sentimens
» d'une tristesse superflue. Ce
» n'est que dans le sang de Padillo
» que le nôtre doit s'effacer....
» Adieu, ma fille.... pour jamais...
» je mourrais content..... »

Le sang qui s'élançait à gros
bouillons de sa plaie, lui coupe
la parole. Enfin, ce père si digne

de toute ma tendresse, de toute
ma reconnaissance, expire, en
me serrant la main entre la sienne,
et me marquant du doigt l'endroit
où il avait été frappé.

A peine me suis-je relevée du
plus profond accablement, que
je conçois la ferme résolution
d'exécuter ce que je pouvais appeler les dernières volontés de
l'auteur de mes jours ; il semblait,
en mourant, m'avoir laissé tout
son courage.

Je fais mettre les deux corps
sur des brancards, couverts de
leurs vêtemens : on les transporte dans la chambre du con-
seil de Séville : là, aux yeux
du grand Corregidor, et des autres officiers de la justice, je les

découvre moi-même, et je montre
leurs blessures ; leur sang qui
coulait encore, semblait m'animer à demander hautement vengeance : on me la promet. J'ignorais, aveugle que j'étais, que cette
justice, qui devrait être incorrup-
tible, se laisse éblouir à la vue de
l'or : *Dom Joseph de Padillo* avait
su intéresser les juges en sa faveur ; en un mot, le croiriez-
vous ? ce scélérat si punissable
est déclaré innocent.

Je ne puis vous exprimer ma surprise, ou plutôt toute ma rage, lorsque j'appris ce comble de l'iniquité. L'imposture l'emporter à ce
point sur une vérité aussi évidente !
» Quoi (m'écriai-je au milieu de
» mon emportement,) ceux qui

» devraient protéger l'innocence,
» sont les premiers à justifier le
» crime, le crime le plus atroce!
» Ils vendront leur suffrage, leur
» foi, leur honneur! L'intérêt est
» l'unique ressort qui les fait agir!
» il n'est plus besoin d'implorer
» le secours des lois, puisqu'on
» les viole aussi ouvertement! Est-
» il possible que nos destins dé-
» pendent aujourd'hui de quelques
» hommes que la bassesse de leur
» extraction, et encore plus celle
» de leurs mœurs, la perfidie de
» leur caractère, l'ignorance ou
» la malice de leur esprit, la dé-
» pravation de leur cœur, font
» regarder plutôt comme nos bri-
» gands et nos assassins, que
» comme les dépositaires sages et

» éclairés de la vie et de la fortune
» du public! »

Ces plaintes, sans doute, n'é-
taient que trop légitimes, mais
très-inutiles pour un cœur qui ne
respirait qu'une juste et prompte
vengeance.

De ce moment, je forme la
résolution de n'avoir recours,
dans l'exécution de mon projet,
qu'à moi-même. Je prends un
habit d'homme ; sous ce dégui-
sement, je cours trouver Padillo
dans une maison de campagne
peu éloignée de Séville, où il
s'étoit retiré depuis son abomi-
nable aventure. J'arrivai très-tard:
ses domestiques me demandent
mon nom, et le sujet de ma visite:
Je me dis un jeune gentilhomme

que la nuit avait surpris dans la
route, et qui cherchait un asyle
pour attendre le jour et continuer
son voyage : ma réponse parut
les satisfaire : ils me conduisent
à l'appartement de leur maître,
qui ne me reconnaît point. Quel
fut le bouleversement de tous
mes sens, à l'aspect du meurtrier
de mon père et de mon époux !
Il me reçoit même avec une sorte
de politesse, et m'offre une chambre qui n'était séparée de la sienne
que par une galerie : je l'accepte.
Tout semble favoriser mes des-
seins. L'heure de se retirer s'approche ; je prends congé de Padillo, qui me conduit lui-même
à l'appartement qu'on m'avait
destiné !

Il ne tarde guère à rentrer dans le sien. Me voilà livrée à un nombre de réflexions qui me causaient une agitation inexprimable. Je ne vous le dissimule point, et je ne me le dissimulais pas à moi-même : il y avait des momens où je frémissais d'horreur à l'idée seule du projet que je méditais. Je ne pouvais me résoudre à me souiller du meurtre d'un homme de qui j'avais reçu l'hospitalité. D'un autre côté, mon père et mon mari semblaient s'élever du tombeau : Je les voyais, je les voyais !... Je me rappelais les dernières paroles de mon père, l'injustice révoltante que je venais d'essuyer, l'obligation si impérieuse où j'étais de les venger, le triomphe révoltant de leur assassin.

Ces derniers traits sont les seuls qui frappent mes regards, qui entrent dans mon ame, et s'y fixent une résolution absolument déterminée succède à ces combats, à cet orage de sentimens confus et souvent opposés ; enfin c'est celui, c'est le désir de la vengeance qui l'emporte , et auquel je suis arrêtée.

Je me lève enfin décidée à satisfaire à cette dernière résolution. Armée de mon épée nue , je porte mes pas, des pas, il est vrai, chancelans, vers l'appartement de Padillo ; j'hésite longtemps à ouvrir la porte ; l'horreur de la nuit, l'approche de cet

instant où je devais verser du sang,
du sang humain , peut-être cette
faiblesse qui est inséparable de
notre sexe , tout m'alarmait , tout
m'accablait.

Un autre motif m'agitait : je
craignais que ma victime ne fût
point endormie ; cependant le
calme profond qui régnait dans
la maison, la tranquillité du repos
que Padillo semblait goûter ,
m'annoncèrent qu'il était temps
d'exécuter mon projet.

J'ouvre enfin , j'entre dans la
chambre de cet homme qui ne devait m'inspirer que de l'horreur :
la faible lueur d'une lampe placée
à côté de son lit, suffisait pour
me le laisser entrevoir : il goûtait
les douceurs du repos, le monstre!

le

le crime peut-il jamais jouir de quelque tranquillité ! Cependant Padillo paraissait dormir profondément ; il avait l'estomac découvert ; le sort, dirai-je propice ou contraire, semblait l'offrir à mes coups. Je m'assieds à côté de lui. Je profite d'un moment d'incertitude pour le contempler attentivement : — « Le voilà donc, (me disais-je
» à moi-même) cet assassin, ce
» bourreau de tout ce que j'avais
» de plus cher ? à qui l'impunité
» tient lieu d'innocence !... Ah,
» mon père ! et vous, mon époux...
» oui... j'y suis décidée : vous allez
» être tous deux vengés ; le scé-
» lérat va recevoir le prix de ses
» attentats... il perdra la vie, il per-
» dra la vie... de ma propre main. »

Je lève le bras pour frapper :
déjà le fer était près de son cœur :
un sentiment subit de compassion
vient le détourner : mon épée
m'échappe de mes mains ; je ne
voulais point devoir ma ven -
geance à la trahison : tantôt je
regardais Padillo, tantôt je dé-
tournais les yeux pour rassurer
mon courage incertain, et me
cacher à moi-même l'action à
laquelle je me préparais. J'allais
éteindre la lampe pour me dérober
un spectacle.... Je triomphe de
ma faiblesse ; le devoir l'emporte ;
et, sans écouter la voix de la pitié...
j'enfonce mon épée dans le sein
du perfide.

Il se réveille, baigné dans son
sang ; il veut parler ; la nature

lui refuse tout secours ; ses yeux
attachés sur les miens, me recon-
naissent pour ce jeune homme
qu'il avait retiré chez lui : la rage,
le désespoir qu'il ressentait à ma
vue, se confondent avec la pâleur
qu'une mort prochaine vient répandre sur son visage. — « Meurs,
» (m'écriai-je) malheureux !
» meurs, non de la main d'un
» homme, mais de celle d'une
» femme qui s'est vengée ! Re-
» connais Laure, cette fille à qui
» tu as ravi le père, cette épouse
» dont tu as massacré l'époux ! »

A ce mot, je le vois faire des
efforts pour se traîner hors de son
lit , et s'avancer vers moi :
mon nom semblait avoir ranimé
ses sens : il me lance un regard

affreux ; la fureur retenait encore son ame prête à le quitter ; mais le premier pas qu'il essaye , le précipite au tombeau : ses genoux chancellent , et il reste étendu mort à mes pieds.

Je m'empresse de me dérober à ce spectacle, qui ne pouvait que m'inspirer de l'horreur : je suis donc sortie de son appartement ; j'ai gagné le jardin, et escaladé les murs.

Après avoir marché toute la nuit, j'arrive aux portes de Sé-ville, à la pointe du jour. Enfin je me retire chez moi, accablée de lassitude , et plus encore de réfle-xions qui ne me laissaient que le trouble et l'épouvante.

L'apparence même du crime

est accompagnée de remords ; quoique ma raison m'assurât que je n'avais exercé qu'une vengeance légitime, que je ne pouvais refuser à mon père et à mon époux.

La mort de Padillo a bientôt été répandue dans tout Séville. La justice se transporte à sa maison de campagne ; on arrête plusieurs de ses domestiques : ils s'accordèrent tous pour représenter qu'ils n'étaient nullement coupables, et qu'ils soupçonnaient de ce meurtre un jeune voyageur que leur maître avait retiré chez lui, la nuit même de cet assassinat.

On fit des informations qui se trouvèrent infructueuses. Mon

projet et son exécution étaient
ensevelis dans l'obscurité du secret : je ne m'étais confiée à personne, et cette ignorance me dérobait aux poursuites d'une famille irritée. Vaincue cependant
par les vives impressions d'une
crainte intime que je ne pouvais
rejeter, j'allais choisir quelque
asyle écarté de Séville, lorsque
j'apprends qu'un des domestiques
de Padillo, sur lequel s'était arrêté
le soupçon, devait être condamné
au supplice : cette nouvelle, qui m'a
d'abord anéantie, me fait changer
de dessein : je suis déterminée à
justifier l'innocence : j'aime mieux
perdre la vie, que d'être l'auteur
de la mort d'une malheureuse
créature qui ne l'a point méritée.

Je cours au palais destiné à rendre la justice : on m'introduit dans la salle d'audience ; les juges, surpris de ma visite, m'en demandent le sujet : je satisfais leur curiosité par ce récit inattendu :

— « J'ai appris que vous veniez
» de prononcer la sentence de
» mort d'un des domestiques de
» Padillo : vous le soupçonnez du
» meurtre de son maître ; il n'est
» point coupable : il est juste qu'on
» vous livre le criminel, à la place
» de l'innocent, et vous l'allez
» connaître. »

Un murmure confus s'élève dans l'assemblée ; la surprise éclate sur tous les visages : chacun marque de l'avidité à connaître la vérité.

— « C'est moi-même (je reprends, adressant la parole au grand Corrégidor;) c'est moi qui
» ai commis le crime dont un au-
» tre est accusé, si l'on peut nom-
» mer crime une action qu'une
» vengeance trop légitime m'a fait
» entreprendre; oui, je serais prête
» encore à l'exécuter, si le ciel
» ne m'eût pas d'abord favorisée
» dans mon projet. Je n'ai d'autre
» complice, d'autre témoin, d'au-
» tre accusateur que moi-même :
» ce n'est donc que moi seule que
» vous devez punir : prononcez
» mon arrêt de mort; ajoutez-le à
» tant d'autres que vous avez ren-
» dus si injustement. Vendez mes
» jours et votre honneur à la fa-
» mille de Padillo; que mon trépas

» soit le prix de votre iniquité! J'ai
» vengé mon père et mon époux :
» j'ai rempli mon devoir ; je
» mourrai contente. L'attente du
» supplice ne me fait point trem-
» bler : ce n'est qu'à des ames
» vulgaires qu'il convient d'ap-
» préhender : la mienne est sou-
» tenue par le courage et l'amour
» de la vertu : vous ne pouvez
» m'ôter ce sentiment. Qui sait
» donner la mort, sait la rece-
» voir. »

Ce discours, prononcé avec har-
diesse, étonna ces hommes, qui
rarement trouvent des criminels
aussi intrepides. On me conduit
en prison. La famille de Padillo
ne tarda point à être informée de
cette découverte ; le domestique

fut renvoyé absous, et mes bour-
reaux s'apprêtaient à faire tomber sur moi toute la pesanteur de
leurs coups.

Le croiriez-vous ? dans cette
horrible situation , je dormais
tranquillement ; la crainte d'une
mort certaine ne troublait que
faiblement mon repos : j'étais
pourtant assurée de ma perte. La
perfidie et l'avarice de mes juges
me préparaient à mon étrange
destinée.

Je ne fus point trompée dans
mon attente : on me condamne ;
on vient m'annoncer dans ma
prison l'arrêt qui terminait mon
malheureux sort.

Le jour de mon supplice est
fixé ; l'espérance de rejoindre

mon père et mon époux, vient me procurer de la consolation. Je n'avais recours en cette extrémité qu'à Dieu seul ; je lui adressais mes plaintes comme à l'unique juge qui pût les entendre : je lui demandais pardon d'avoir trempé mes mains dans le sang ; mais je lui montrais celui dont l'exécrable Padillo s'était souillé. La crainte de passer pour coupable dans l'esprit de mes concitoyens, était la seule raison qui me faisait regretter la vie. J'eusse voulu du moins me justifier, avant que de mourir.

J'approchais du jour fatal, quand, au milieu de la nuit, on vient ouvrir la porte de ma prison : une voix inconnue me dit :

— « suivez-moi, ne faites point
» de bruit ; je veux vous retirer
» des mains de vos persécuteurs. »

Aussitôt je me sens saisir le
bras ; je me laisse conduire aveu
glément, sans connaître la personne à qui j'étais redevable d'un
si grand service.

Nous traversons toute la ville ;
nous trouvons à une des portes,
un carrosse à six chevaux qui
nous attendait ; on me fait monter
la première : je m'assieds à côté
de l'inconnu ; plusieurs domestiques à cheval nous suivaient.

— « Madame (me dit mon libérateur) » que je suis heureux
» de pouvoir vous donner une
» marque de mon amour ! car je
» ne saurais me parer à vos yeux

» d'un sentiment de pure généro-
» sité. J'ai su votre péril; j'ai gagné
» vos gardes, vos geoliers; votre
» prison s'est ouverte à ma voix...
» C'est à ma tendresse que vous
» devez votre liberté. N'attendez
» pas que j'exige aucune recon-
» naissance de vous; j'ai mis votre
» vie et votre vertu à couvert des
» traits de l'injustice, il me suffit;
» mon destin ne me permet pas
» d'attendre la moindre récom-
» pense...

Je me hâte de l'interrompre : —
« Ce bienfait est d'un prix au-
» dessus de mon estime : c'est tout
» ce que je puis vous offrir. —
» Votre estime , (reprend vive-
» ment l'inconnu) ah ! lorsque
» vous me connaîtrez , vous vous

» ferez peut-être un devoir de me
» la refuser; je croirais la mériter,
» et vous me l'accorderiez, si mon
» nom et ma naissance ne me ren-
» daient coupable à vos yeux. Je
» n'ai point fait le crime, et vous
» m'en punirez... Vous allez me
» haïr... N'importe, j'ai eu le bon-
» heur de vous sauver : vivez,
» adorable Laure, et laissez-moi
» mourir. J'espère que du moins
» vous plaindrez un malheureux
» qui vous aime : c'est l'unique
» prix que j'ose exiger de vous.

A ce discours, je demeurai in-
terdite; je sentais à chaque instant
redoubler mon étonnement et ma
curiosité : — « De grace (lui dis-
» je), éclaircissez mon trouble :
» apprenez-moi à qui je dois la

» liberté , la vie ! douteriez-vous
» de ma reconnaissance ? »

Il ne me répondait que par des
soupirs. Je vous l'avouerai, j'étais
dans une situation que vous ne
sauriez vous représenter. Je ne
savais pourquoi mon libérateur
s'obstinait à me cacher son nom;
quel était le crime dont il s'ac-
cusait : plus je cherchais à pénétrer cette énigme , et moins je
me procurais de lumière.

« Eh bien ! (s'écrie l'inconnu)
» promettez-moi de ne me point
» haïr , lorsque j'aurai satisfait
» votre curiosité sur un objet.....
» c'est mon sort qu'il faut accuser.

Et cependant il semblait hésiter
à découvrir ce qu'il appelait son
secret.

En nous entretenant ainsi, nous
approchons d'un bois épais que
nous traversons. Le jour vient à
paraître, nous sortons du bois.
Qui croiriez-vous que je reconnus
dans mon bienfaiteur ? Quels
furent ma surprise, le bouleversement de tous mes sens, quand
je vois à mes genoux Dom Garcie,
le frère de Padillo ! Il m'échappe
un cri. — « Ah ! madame, (me
» dit-il), que vous vous acquittez
» mal de votre promesse ! suis-je
» responsable des crimes de mon
» frère ? vous l'avez immolé à votre
» juste fureur ; eh bien ! vengez-
» vous encore sur moi du meurtre
» de votre père et de votre époux :
» percez de ce fer qui s'offre à
» votre bras, un malheureux qui

» vous aimera jusqu'au dernier
» soupir ! qu'une prompte mort
» soit ma récompense !... Vous ne
» répondez pas ? vous détournez
» les yeux ! craindriez-vous de
» voir tous les maux que vous me
» causez ? je vous ai conservé la
» vie : du moins que je perde la
» mienne de votre main. »

Je ne pouvais revenir de ma
surprise; l'admiration se confondait avec mon étonnement. Je
voyais à mes pieds un homme
qui, assurément, était plus digne
de compassion que de haine.

« Quoi! (m'écriai-je), est-ce
» vous, Dom Garcie, vous, le
» frère d'un assassin, de Padillo!..
» Ah ! que ne me laissiez-vous

» mourir ! faut-il que je vous
» doive la vie ! faut-il que vous
» soyez si généreux ! Dom Garcie,
» ne m'ôtez pas le droit de me dé-
» fendre... Pourriez - vous vous
» dissimuler la cruelle obligation
» que tout m'impose ? mon devoir
» ne doit-il pas absolument l'em-
» porter sur tout autre sentiment ?
» — Gardez-moi toute votre haine,
» (reprend-t-il, en laissant s'é-
» chapper quelques larmes) ; mais
» permettez que j'achève mon ou-
» vrage ; souffrez que je vous
» dérobe à la fureur de mes parens :
» venez avec moi... — Avec vous !
» (j'interromps vivement) ; ah !
» Dom Garcie, puisque vous êtes
» si généreux, méritez mon estime :
» je puis vous l'accorder, sans

» offenser ce que je me dois à
» moi-même. J'attends encore de
» vous une nouvelle grâce : con-
» duisez-moi chez un des oncles
» de mon mari qui demeure à
» Madrid.... Ce n'est qu'en vous
» fuyant, Dom Garcie.... Je n'ai
» point la force de vous en dire
» davantage ; mettez le comble à
» votre bienfait : que j'aille chez
» mon parent... Soyez assuré de
» mon éternelle reconnaissance.—
» Vos desirs seront remplis , (re-
» prend mon libérateur) la re-
» connaissance est bien différente
» du sentiment que vous m'avez
» inspiré; connaissez donc le cœur
» d'un infortuné que vous attache
» pour la vie la passion la plus
» violente. Je ne suis que trop

» persuadé que je vais me rendre
» le plus malheureux des hommes,
» en me privant de la consolation
» du moins de vous voir. Il n'im-
» porte, je préfère votre bonheur
» au mien; c'est à moi de souffrir.
» Je ne m'offrirai plus à vos yeux.
» Mais ouvrirais-je mon cœur à
» une vaine espérance? je me flatte
» que vous daignerez vous sou-
» venir de moi. Peut-être occu-
» perai-je dans votre ame une
» place... Non, vous ne me refu-
» serez point votre estime. Je
» mourrai privé du bonheur de
» jouir de votre présence, mais
» j'aurai conservé vos jours; je
» vous aurai dérobée au sort af-
» freux qui vous menaçait. Après
» ce que je fais pour vous, n'ou-

» blieriez-vous point que je suis
» le frère de Padillo ? »

Mon devoir et mon honneur
étaient assez satisfaits, puisque
j'avais la force de renfermer des
sentimens que je craignais d'ap-
profondir, et Dom Garcie était
assez malheureux en les ignorant.
Ce jeune homme était bien différent du scélérat dont la mort
n'avait point expié le crime : les
plus séduisantes qualités rendaient mon bienfaiteur aimable
aux yeux de tout le monde ; il
n'avait d'autre reproche à se faire
que d'être le frère du plus coupable des hommes.

Dom Garcie eut, pendant
toute la route, des égards pour
moi, qui, certainement, devaient

lui mériter une éternelle reconnaissance; ses yeux, moins timides
que sa bouche, m'entretenaient à
chaque instant d'une tendresse
que je ne pouvais me dissimuler :
la crainte de me déplaire l'em-
pêchait de m'en renouveler l'aveu
autant qu'il l'eût desiré. Ma chère
Eustasia, nous nous rendions tous
les deux malheureux l'un par
l'autre, sans pouvoir apporter
le moindre adoucissement à une
situation aussi singulière.

Nous arrivons enfin à Madrid.
Mon oncle nous reçut très-bien.
Je goûtai quelque plaisir à lui
faire part de l'obligation que
j'avais à Dom Garcie; mais je
n'oubliai point de prendre la précaution de lui cacher sa famille,

Le jour est venu où il faut nous séparer, jour funeste qui a empoisonné le cours de ma vie ! Je voulais me dérober aux regards de Dom Garcie ; je craignais qu'il ne saisît dans mes yeux, ce que je puis appeler le secret de mon cœur. Son départ me le rendait encore plus redoutable, et augmentait ma faiblesse. Tous mes soins furent inutiles : cet amant infortuné m'aborde, les yeux baignés de larmes : — « Il faut donc » me séparer de vous ! (me dit-il) » quoi ! il faut vous quitter, mon » adorable Laure ! et nous nous » disons un éternel adieu ! Je ne » vous verrai plus ! et je vous » aime plus que jamais ! et peut- » être ne me plaignez-vous pas !

» Hélas! votre père et votre époux
» sont assez vengés. Du moins
» tournez sur moi un de ces
» regards qui peuvent adoucir
» mon malheur ! voyez-moi ex-
» pirer à vos pieds ! »

Il se jette à mes genoux, verse
des pleurs ; en ce moment, un
sentiment que j'avais peine à
maîtriser, balançait le devoir ; je
ne me connaissais plus, j'étais
prête à chaque instant de laisser
échapper ce que tout m'imposait la loi de taire, et à moi
même.—« Dom Garcie, (lui dis-je
» d'une voix tremblante) partez,
» fuyez de ces lieux ; je ne vous
» hais point, non, je ne vous hais
» point : j'ose accuser le ciel de
» vous avoir formé d'un sang si
coupable

» coupable. Laure ne vous ou-
» bliera jamais, et peut-être (avec
» un soupir qu'il m'était impos-
» sible de retenir)…. elle vous
» eût aimé…. »

Je me repens , mais trop tard ,
d'avoir laissé échapper ce dernier
mot : mes transports me dominaient; cet aveu me fit rougir; mon
cœur l'avait emporté. Je crus qu'il
était de mon devoir de quitter
Dom Garcie : je me retirai brus-
quement , et il était presque
expirant , et n'ayant pas la force
de s'exprimer.

Il voulut me revoir une seconde
fois , avant son départ : je fus
inflexible : la bienséance , je dirai
mon honneur alors triompha ;
Dom Garcie , enfin , quitta

Madrid, plus pénétré d'amour
que jamais, accablé de tristesse,
et d'autant plus malheureux qu'il
connaissait ma faiblesse, sans
pouvoir en profiter.

Il avait laissé, en partant, une
lettre qui m'était adressée et qui
me fut remise entre les mains :
Je la lus, non sans éprouver un
trouble que chaque ligne augmentait : j'y trouvai des sentimens
de générosité, de tendresse, de
grandeur d'âme qui achevèrent
de me le faire regretter, et de
fortifier le penchant, je l'a-
vouerai, qu'il avait trop su
m'inspirer.

Son absence avait produit en
moi une mélancolie que rien ne
pouvait dissiper ; mon parent

m'en demandait la cause ; eh
comment la lui aurais-je révélée?
je cherchais à me la dissimuler
à moi-même : — « Que je suis
» malheureuse ! (m'écriais-je,
» lorsque je me trouvais seule)
» quelle bizarrerie du destin ! le
» frère de Padillo est mon libé-
» rateur ; il est si digne d'être
» aimé ! et tout, tout me défend
» ce sentiment : je dois le rejeter
» de mon cœur; et il m'aime ! il
» m'a conservé la vie!... O mon
» père, et vous, mon époux! votre
» vengeance est assez remplie ;
» je puis donc mourir en liberté,
» puisque je ne peux vivre pour
» Dom Garcie ! Qu'ai-je besoin
» d'une existence qui redouble
» l'excès de mes maux , quand

» elle ne sert qu'à les entre =
» tenir ! »

Ma santé s'affaiblissait de jour
en jour : une langueur mortelle
m'accablait. L'idée seule de Dom
Garcie remplissait mon esprit et
mon cœur : tout m'était devenu
insupportable ; j'étais plongée
dans un abattement continuel.

Mon oncle quitta l'Espagne
avec moi ; la fortune lui avait
été contraire : nous vînmes nous
retirer dans cette maison de si
peu d'apparence que j'occupe
aujourd'hui, et qui était un de
ses biens de patrimoine. Nous
vivions contents de notre médio-
crité, lorsque la mort de mon
parent vint rouvrir des blessures

que le tems et la raison avaient
peu refermées.

Ce n'était encore là qu'un essai
des maux qui me menaçoient,
comme un orage qui se préparait.
Un inconnu, après avoir longtemps cherché ma demeure, la
trouva enfin : il me présente une
lettre de la part de Dom Garcie :
ce nom seul me rappelle toutes
les cruelles épreuves que j'ai es-
suyées. Hélas ! j'ignorais que
j'étais réservée à de nouveaux
coups plus déchirans encore que
les premiers. J'ouvre enfin cette
fatale lettre, la source éternelle
pour moi de larmes que la mort
seule pourra tarir ; l'amour, j'ai
prononcé le mot, et le désespoir
l'ont gravée trop profondément

dans mon cœur, pour qu'il me
soit possible d'en perdre jamais
le souvenir ; en voici le contenu :

« Souffrez, madame, que je
» vous entretienne, pour la der-
» nière fois, d'une passion qui
» me coûte la vie. Votre absence
» a été pour moi un coup si acca-
» blant, que je n'ai pu y résister.
» Ah ! que ne m'avez-vous laissé
» plutôt douter de votre haine !
» C'en est fait ! je quitte une vie
» qui m'est odieuse, puisqu'il m'est
» défendu par un sort inéxorable
» de la partager avec vous ! Adieu !
» tout mon malheur est de vous
» avoir aimée, et tout mon crime
» est d'avoir été le frère de Padillo.
» Souvenez-vous de l'infortuné
» Dom Garcie ! songez qu'il n'a

» vécu que pour vous, depuis qu'il
» vous a vue, et qu'il ne meurt
» que pour vous seule. »

Je ne puis vous peindre (continue Laure) mes transports de
douleur, de désespoir. Vous connaissez sans doute l'amour ? vous
sentez toute l'horreur d'une pareille situation : il est impossible
de l'exprimer !

Cet inconnu m'apprend des
particularités de la mort de Dom
Garcie ; il me dit que, depuis son
départ de Madrid, il avait traîné
une vie languissante, et était
expiré, en prononçant mon nom.
Voici (ajouta-t-il) une boîte d'or
où est renfermé son cœur, et
qu'il m'a recommandé expres-
sément, au moment d'exhaler

son dernier soupir , de vous remettre , comme le gage le plus
précieux de son amour.

Vous devez imaginer de quel
nouveau trait je fus frappée ! J'ar-
rosai ce funeste présent de mes
larmes ; je le portai à ma bouche,
et le couvris des plus tendres
baisers. Le cœur de Dom Garcie
reçut des marques d'amour que
je lui aurais refusées , s'il eût été
vivant.

Je m'étais éloignée du monde :
la société me devenait insupportable ; je préférais ma solitude à
tous les vains plaisirs que promet
cette société si peu connue : je
ne m'entretenais qu'avec ma douleur. Le cœur de Dom Garcie
était sans cesse exposé à mes

yeux, il me suivait par-tout ; le mien ne respirait que pour se remplir d'un spectacle si déchirant ; mes regards revenaient continuellement sur cette douloureuse image, et autant de fois elle mettait un nouveau comble à ma tristesse, qui semblait m'être toujours plus sensible et en même-tems plus chère.

Chaque moment de mon existence était la mort même que j'avais à supporter : sans-doute le ciel conservait mes jours pour me punir encore davantage.

Le nom de Dom Garcie était la seule expression qui échappât de ma bouche, et son cœur, l'unique objet qui fixât ma vue : j'adressais mes plaintes à ce cœur

comme s'il eût encore respiré : —
« Il m'est donc permis (m'écriais-
» je) de t'avouer ma tendresse,
» lorsque tu ne saurais sentir le
» prix d'un aveu que tu as solli-
» cité tant de fois! Quoi! Dom
» Garcie, nos cœurs ne sont unis
» qu'au moment où *la* mort les
» sépare! Tu m'aimais ardemment,
» et pour prix de ton amour, j'ai
» à me reprocher ta mort! C'est
» donc moi qui t'ai ôté la vie,
» quand je t'étais redevable de
» la mienne! Hélas ! n'était-ce
» pas assez d'immoler ton frère
» à ma vengeance ! devais - tu
» porter la peine d'un crime
» qu'un autre a commis! O ciel!
» tu ne m'entends plus , cher
» amant! tu ne m'entends plus!

» mes plaintes sont inutiles ! En-
» core si tu eusses connu tout
» l'excès de ma tendresse, avant
» que de n'être plus, ta fin eût
» été moins affreuse ; tu m'aurais
» pardonné la trop cruelle né-
» cessité où j'étais de renfermer
» une si vive ardeur ; mais tu as
» quitté la vie, accablé du doute
» de mon amour ; doute mille fois
» plus sensible pour toi, que le
» trepas même ! »

    » Voilà (poursuit Laure, les
» yeux inondés de larmes), l'u-
» nique entretien que j'avais avec
» moi-même. Le cœur de Dom
» Garcie me tenait lieu d'amis,
» et de tous les biens du monde.
» Je méprisais trop la vie pour
» en chercher la fin : j'attendais

» la mort avec tranquillité ; je me
» soumettais sans peine à toutes
» les volontés du ciel. Jusqu'à
» ce moment, je vous avais caché
» la source de tant d'épreuves
» douloureuses ; ce gage si ex-
» traordinaire de la passion de
» l'amant le plus infortuné, a
» toujours été dérobé à vos re-
» gards ; je l'ai renfermé dans
» une chambre à côté de mon
» appartement : si votre curiosité
» voulait se procurer ce spectacle,
» vous pouvez en cet instant la
» satisfaire. »

Enstasia accepte les offres de
Laure : elles vont toutes les deux
à cet asyle de la douleur. Laure
ouvre la porte et entre la première : de quelle horreur est

saisie Eustasia à l'aspect de cet
appareil lugubre ! Le cœur de
Dom Garcie était placé sur une
espèce de petit tombeau couvert
d'une draperie noire : une lampe
funèbre prêtait sa faible clarté
à cet affreux spectacle. Le tableau
de la mort avait réuni tous ses
traits dans cet horrible lieu ; une
pareille image eût suffi pour
ôter la vie.

Eustasia était immobile d'effroi.
— « Ah ! madame, (lui dit Laure)
» il est aisé de voir que vos dis-
» graces ne sont point à comparer
» aux miennes ! »

Laure ignorait que le sort
s'apprêtait à porter de nouveaux
coups à sa trop malheureuse
amie.

« Voilà (continue la première,
» en approchant de sa bouche le
» cœur de Dom Garcie), voilà
» l'unique consolation qui me
» reste. Je viens, tous les jours,
» pleurer aux pieds de ce tom-
» beau ; je passe même une partie
» des nuits dans cette horrible
» demeure ; c'est là le genre de
» vie que j'ai embrassé depuis
» un nombre infini d'années. La
» conformité de situation vous a
» rendu chère à ma sensibilité :
» vous êtes, vous le voyez, la
» seule avec qui je partage ma
» solitude. »

Eustasia, en parcourant des
yeux cette lugubre retraite, apperçoit un cercueil découvert :
ce nouvel objet redouble sa

frayeur. — « Ce cercueil (lui dit
» Laure) , a été construit de mes
» propres mains : il est destiné à
» recevoir mes cendres ; il est pré-
» sent, chaque jour, à mes yeux :
» je veux que le cœur de mon
» amant y soit renfermé avec moi,
» lorsque le ciel m'aura appelée
» à lui : nous serons unis éter-
» nellement, et la postérité ap-
» prendra, avec autant de douleur
» que de surprise, cette déplo-
» rable histoire. »

Le courage de cette malheureuse victime d'une destinée inconcevable , frappait Eustasia
d'étonnement.

Elles sortent enfin d'un lieu
si repoussant ; Laure , avant
que de le quitter , donne des

baisers arrosés de larmes à ce
cœur insensible alors aux témoignages d'une aussi vive douleur, et le replace sur le tombeau.

Elles rentrent dans la chambre
d'Octave : — « Ce n'est pas encore
» là , (poursuit Laure) le terme
» des diverses épreuves que j'ai
» eu à subir » : la naissance
» d'Octave est un mystère qu'il
« faut vous éclaircir. »

Octave interrompt Laure en
cet endroit : il demande où était
Julie ; on fut obligé de la rappeler. Ces deux amans , dont
l'union était si parfaite , semblaient ne vivre que l'un pour
l'autre ; la nature qui les avait
formés pour les attacher par
des nœuds mutuels , paraissait

prendre plaisir à leur insinuer un penchant que rien ne pouvait vaincre.

Eustasia presse Laure de reprendre le fil de son récit : Octave et Julie joignent leurs prières aux siennes : ils ignoraient tous à quels revers accablans ils étaient préparés. Laure enfin continue en ces termes. :

— « Je m'occupais toute entière
» du souvenir de mes malheurs.
» La lecture était l'unique plaisir
» que je me permettais quelque-
» fois de goûter. Je portais sou-
» vent mes pas jusqu'aux bords de
» la forêt : je m'y enfonce , un
» jour, plus avant qu'à l'ordinaire;
» je marchais, l'esprit rempli d'une
» confusion d'idées plus sombres

» les unes que les autres , et le
» cœur toujours plein de Dom
» Garcie : les cris d'un enfant
» viennent me retirer tout-à-
» coup de mes tristes rêveries :
» je prête une oreille plus atten-
» tive ; je suis ma route , guidée
» par le son de la voix : à chaque
» pas que je faisais , ces accens
» devenaient plus articulés, ce qui
» me donnait lieu de juger que
» je n'étais pas éloignée de l'en-
» droit où était l'enfant.

» J'y arrive enfin : je trouve
» l'innocente créature étendue
» au pied d'un arbre , presque
» expirante et baignée dans son
» sang ; ce malheureux avait reçu
» un coup à la tête : à quelques
» pas de lui, était couché un vieil-

» lard tout couvert de plaies, et
» qui ne venait que de mourir, sui-
» vant les apparences : l'horreur
» d'un tel spectacle, me saisit d'ef-
» froi ; je ne savais que résoudre :
» un mouvement de pitié, plus
» dominant que toute autre ré-
» flexion, décida dans mon cœur
» en faveur de cet enfant infor-
» tuné : quand on connaît le
» malheur par sa propre expé-
» rience, on est porté davantage
» à le soulager dans autrui ;
» c'est alors qu'on ressent que
» chaque homme, surtout s'il
» est malheureux, est un de
» nos frères. Le titre d'infortuné
» suffit pour solliciter ma sensi-
» bilité en faveur d'une personne
» que je n'aurai jamais vue.

« Je dérobe cet enfant aux
» traits d'une mort prochaine,
» et je l'emporte tout sanglant
» entre mes bras; en un mot, je
» pris soin de ses jours, je lui
» donnai le nom d'Octave, et je
» l'élevai au sein même de la
» douleur. Le ciel ne me l'aurait-
» il laissé si long-tems, que pour
» me l'enlever aujourd'hui! Je me
» suis accoutumée à le regarder
» et à l'aimer comme s'il était
» mon propre fils. »

Laure ne peut achever ces
derniers mots, sans répandre
des larmes.

— « Est-il bien vrai (s'écrie
» Octave, en l'embrassant), que
» je ne suis point votre fils ? Ah!
» que ne me laissiez-vous dans

» une erreur plus chère pour moi
» que la vérité ! N'êtes-vous pas
» ma mère, puisque vous m'avez
» conservé la vie ? n'ai-je point
» mérité le nom de votre fils ?
» Le destin me l'avoit refusé : l'a-
» mour que j'ai pour vous, me le
» donne ce nom si précieux : ma
» mère, permettez-moi encore
» de m'en servir : ah ! il sera dans
» mon cœur comme dans ma
» bouche, jusqu'au dernier soupir !
» Ne voyez en moi qu'un mal-
» heureux qui vous aime, et que
» l'excès de ses infortunes ainsi
» que de sa tendresse, doit, j'ose
» l'espérer, vous rendre toujours
» cher ! »

Laure ne pouvait s'arracher d'entre les bras d'Octave ; la sur-

prise éclatait sur tous les visages ;
Eustasia mêlait ses larmes à celles
de son amie ; pour Julie, elle ne
savait si elle devait s'affliger ou
s'applaudir de cette découverte :
elle se flattait que son amant était
d'une naissance distinguée, et
que son sort aurait été uni, un
jour, à celui d'Octave.

Eustasia ne revenait point de
son étonnement : — « Quoi (dit-
» elle à Laure), vous n'avez nul
» éclaircissement sur la famille
» d'Octave ? ses parens vous se-
» raient absolument inconnus ? Je
» n'ai (reprend Laure), qu'une
» lettre que je trouvai à quelque
» distance du vieillard, lorsqu'un
» évènement inattendu offrit Oc-
» tave à mes yeux : je vais vous

» la chercher : je ne sais si cet
» écrit vous éclairera sur ce mys-
» tère, pour moi je n'y ai entrevu
» aucune lueur d'espérance. »

Laure s'empresse de sortir, et
ne tarde point à se remontrer,
avec la lettre à la main, qu'elle
donne aussitôt à lire à Eustasia :
A peine celle-ci y a-t-elle jeté
les premiers regards, qu'elle
tombe évanouie et sans connaissance entre les bras de sa fille ;
Laure ne sait d'où peut naître
une révolution si subite. Octave,
de son côté, n'éprouvait pas
moins d'agitation.

Aidée des secours de Julie,
Eustasia a repris enfin ses sens ;
elle ouvre les yeux, en poussant
un cri : Non, (d'une voix mou-

rante et entrecoupée de sanglots)
« non , généreuse Laure ; et vous,
« ma fille , cessez de me rappeler
» à la vie : laissez mourir une
» malheureuse qu'un ingrat a tra-
» hie. Hélas ! je sens que je l'aime
» encore , malgré sa perfidie ! . . . .
» Julie... ah, fille infortunée ! que
» ne puisses-tu ignorer ce secret...
» Apprends..! apprends que tu as
» un frère... qu'il respire.... qu'il
» est devant tes yeux, que ce frère
» est ton amant.... Octave enfin.
— » Mon frère! (s'écrie Julie)
» —Quoi! votre fille est ma sœur!
» (interrompt Octave) , vous
» seriez ma mère! — Octave serait
» votre fils , ajoute Laure ! »
De pareilles situations ne sau-
raient s'exprimer : l'esprit est si
loin

loin du cœur, lorsqu'il faut rendre le sentiment dans toute son énergie.

— Tiens, lis, (poursuit Eus-
» tasia, en donnant la lettre à sa
» fille), achève de combler mon
» malheur. »

Laure était glacée d'effroi, et Eustasia retombée dans une nou-velle faiblesse. Julie prend la lettre d'une main tremblante, et la lit avec une agitation qu'on aurait de la peine à se représenter: voici ce que contenait cet écrit.

— « Je vous prie, monsieur,
» de prendre soin de cet enfant:
» c'est ce que j'ai de plus cher
» au monde. Je sais que ma fa-
» mille va m'immoler à sa fureur;
» je mourrai contente, pourvu

I.   G

» qu'elle n'étende pas sa ven-
» geance sur une innocente vic-
» time. Adieu ! donnez à mon
» cher fils des sentimens dignes
» de sa naissance: qu'il ait, un jour,
» devant ses yeux l'image de ses
» malheurs ! ayez soin de l'en
» entretenir; parlez-lui aussi quel-
» quefois de sa mère. Il viendra
» un tems où il pourra recon-
» naître vos bienfaits. J'exige de
» vous, comme une grâce der-
» nière, que vous montriez ma
» lettre à mon malheureux époux!
» assurez-le que je meurs, en l'ai-
» mant ; que Léonce ne m'oublie
» jamais ! » VICTOIRE DE STE.
JULIETTE.

» Quoi ! mon père ! (s'écrie
» Julie.) — Oui, votre père lui-

» même (reprend Eustasia.) —
» Octave, vous êtes donc mon
» frère ! (poursuit cette fille mal-
» heureuse ;) je n'en puis plus
» douter. »

Ce discours, loin d'éclaircir
le trouble de Laure, l'augmentait
plus, à chaque instant ; elle écou-
tait attentivement jusqu'au moindre mot, et sa curiosité était
toujours moins satisfaite.

— « C'est trop long-tems (lui
» dit Eustasia) vous tenir en
» suspens : je vais vous découvrir
» la source de tous mes maux :
» il est juste que ma sincérité
» réponde à la vôtre. »

Elles se retirent toutes les deux
dans la chambre voisine, et
laissent Octave et Julie ensemble.

2

Eustasia raconte fidèlement son histoire à son amie ; elle lui avoue que les nœuds seuls de l'amour l'attachaient à Léonce, qu'elle n'était point mariée ; et elle pria instamment Laure de tenir ce secret caché à sa fille, ne voulant pas exposer sa honte à *ses yeux*.

— « Voilà (dit-elle) l'origine
» de mes malheurs dévoilée ! sans
» doute Victoire de Ste. Juliette
» vit encore. Le perfide a abusé de
» ma faiblesse ; il m'a abandonnée,
» après s'être rendu le maître de
» mon cœur... Ma rivale est heu-
» reuse avec lui ! Infortunée que
» je suis ! j'ai ajouté foi à ses ser-
» mens ; j'ai cru qu'il m'aimait
» parce que je l'aimais ! Ingrat !
» Pourquoi, après m'avoir ôté

» l'honneur, ne m'as-tu pas ôté
» la vie ? sans doute tu me l'as
» laissée pour mieux me punir !
» Que ne mettais-tu le comble à
» ton crime !... que dis-je, à ton
» crime : pardonne-moi, Léonce;
» tu m'es cher encore : je suis la
» seule coupable ! je te revois, je
» t'aime dans Julie... Ah! Léonce!
» Léonce !... »

Ce nom seul était le mot qui échappait à sa douleur : les re-présentations , les prières , les pleurs même de Laure ne pou-vaient arracher Eustasia à cette douleur opiniâtre.

Pour Julie et Octave, ils se regardaient , sans pouvoir se par-ler ; Julie même ne levait ses yeux sur lui qu'en tremblant. La nature faisait déjà entendre à leurs cœurs, que les noms de frère et de sœur sont bien dif-férens de ceux d'amant et de maîtresse ; une voix secrète leur disait qu'ils ne pouvaient s'aimer aussi tendrement, que leurs désirs comme leurs plaisirs trouvaient dans ce nom, une barrière insur-montable.

L'heure de se retirer est arrivée: — « Adieu donc... mon frère (s'é-
» crie Julie.) — Quoi ! vous êtes
» ma sœur ! (interrompt Octave)
» que ce nom me coûte à pro-
» noncer ! »

Ils ignoraient pourquoi ces noms leur causaient tant de peine; ils sentaient qu'ils n'étaient pas heureux, autant que les noms

d'amant et de maîtresse les auraient pu conduire à un bonheur
dont cependant ils ne décou-
vraient point la source.

La nature, en créant les plaisirs, les a formés de différente
espèce : les uns ont plus de
vivacité, les autres plus de tranquillité ; le trouble accompagne
la jouissance des uns ; l'indiffé-
rence même suit de près celle
des autres : l'amour que l'on ressent pour une sœur, est au-des-
sous de celui qui nous inspire en
faveur d'une maitresse ; cette dif-
férence naît sans doute de l'im-
perfection attachée à l'humanité :
nous ne pouvons goûter les plaisirs purs et innocens, quoiqu'ils
soient les véritables ; les sens

commandent presque toujours à notre cœur : ils ne reçoivent aucune impression que des plaisirs grossiers qu'on peut appeler *les plaisirs matériels* : voilà ce qui entretient l'ame dans une ignorance de soi-même. Qui pourrait nous corriger de cette disposition vicieuse, si ce n'est la nature elle-même de qui nous l'avons reçue ?

Lorsqu'Eustasia se vit seule, elle s'abandonna à toute sa douleur ; elle confondait sa tendresse avec la fureur et le désespoir : quelquefois elle eût souhaité être maîtresse du sort de Léonce, et lui enfoncer un poignard dans le sein, teint du sang de sa rivale ; d'autres fois elle cher-

chait à le justifier. Tantôt elle
le regardait comme le plus coupable et le plus ingrat de tous
les hommes ; tantôt elle ne voyait
en lui que le moins criminel et
le plus malheureux des amans,
dont une faiblesse avait entraîné
la perte.

Julie, de son côté, ne ressentait pas un trouble moins violent
que celui d'Eustasia : le nom de
frère était une expression à
laquelle sa bouche ne pouvait
s'accoutumer, et que son cœur
démentait. — « Octave (disait-
» elle) c'en est fait, les liens du
» sang nous séparent ! nous som-
» mes désunis par cette même
» nature qui semble avoir pris
» plaisir à rapprocher nos deux

» ames ! Octave, quel mot m'é-
» chappe ! Octave n'est que mon
» frère ! une autre... ô ciel ! quelle
» image ! sera l'épouse d'Octave !
» il fera le bonheur d'une autre !
» une autre sera aimée de lui !
» A cette seule idée, je frémis
» d'horreur... Je voudrais mourir,
» la mort serait moins cruelle
» pour moi. Pourquoi faut-il que
» les liens du sang s'opposent à
» ceux de l'amitié ? Parce qu'on
» est né d'un même père ou d'une
» même mère, ne peut-on s'aimer?
» la nature est-elle assez peu sage
» pour avoir créé des exceptions
» aussi déraisonnables, aussi bar-
» bares? ne sont-ce pas plutôt des
» réglemens imposés par l'ava-
» rice, l'insensibilité ? Octave,

» il m'est donc défendu, et pour
» jamais, de t'appeler mon amant!
» mais sera-t-il possible à mon
» cœur de changer de sentiment ?
» eh ! ta sœur pourra-t-elle te
» regarder d'un autre œil qu'elle
» aimait à te voir ! ne serai-je
» pas toujours la même ? Oui ,
» je t'aimerai toujours d'une
» égale ardeur ; toujours tu seras
» devant mes yeux : Hélas ! c'est
» l'unique consolation qu'il me
» soit permis d'attendre ! Ma
» bouche gardera le silence, mais
» mon cœur , mon cœur te redira
» continuellement qu'il n'aime que
» toi, qu'il ne respire que pour
» Octave... N'est-ce pas assez de
» me taire ? qu'exigerait de plus la
» loi si rigoureuse qui m'est im-

» posée ? Si je suis coupable ,
» comment me repentir d'un
» crime qui flatte tant ma sensi-
» bilité ! Ah! que le ciel me pu-
» nisse, ou qu'il m'ôte un sentiment
» que la mort seule est capable
» d'éteindre ! Non , je ne saurais
» cesser d'aimer *Octave*, comme
» un époux que ce ciel inexorable
» me destinait. »

On trouvera peut-être cette
espèce de soliloque au-dessus
de l'intelligence d'une jeune personne; mais le cœur n'a pas besoin
des lumières de l'esprit , pour
se rendre compte de ce qui est
capable de l'affecter. Le sentiment
tient de près au génie , lorsqu'il
s'élève à un degré de supériorité

tel qu'il dominait dans l'ame de Julie.

Cette infortunée était en proie aux transports les plus tumultueux ; quelquefois un retour inattendu sur elle-même, allait jusqu'à lui reprocher sa tendresse pour Octave ; mais cet éclair de raison bientôt s'évanouissait, et elle retombait dans toute sa faiblesse. On veut en vain dompter ses penchans , surtout celui de l'amour : on s'en détourne quelquefois , mais toujours on y revient. La raison ne commande qu'en second au cœur : l'amour est son premier maître.

Julie , au sein du malheur, goûtait une satisfaction inexprimable : la santé d'Octave paraissait

se rétablir; sa blessure se refermait.
Octave ne pouvait vivre pour
elle, mais enfin il existait, et
cette image était un objet de
consolation pour la femme peut-
être la plus à plaindre ; mais
le ciel semblait n'être point satisfait de lui avoir enlevé l'amant,
en lui rendant un frère : il voulait
lui faire éprouver de nouvelles
alarmes, la frapper de nouveaux
coups.

L'infortunée dormait profondément : des bras de la tristesse elle
avait passé dans ceux du sommeil.
Le repos, par une sorte de pro-
dige, était venu suspendre le
cours de ses peines, et il n'en
peut guère être de plus réelles.
Malheureuse victime d'un pen-

chant bien excusable , puisque tu
n'avais point cru trouver , un jour,
un frère dans ton amant , tandis
que, succombant sous l'excès de
la douleur , tu fermes les yeux
à la lumière , ceux d'Octave te
cherchent en vain ! sa voix expirante t'appelle , tu ne l'entends
point ! Il veut te voir , quel mot
va m'échapper , pour la dernière
fois , et ses tristes regards te demandent en vain ; il n'est occupé
que de toi , et tu as en ce moment
l'esprit rempli peut-être de songes
opposés à son souvenir ! Tu dors ,
hélas ! tu dors ! et ton amant n'attends plus que toi pour exhaler
son dernier soupir dans ton sein !

Cette créature si digne de
compassion , est réveillée tout-à-

(160)

coup par une voix entrecoupée de
senglots ; elle reconnaît sa mère :
— « Hâte-toi de te lever ; viens,
» ma fille, Octave te demande. »
— « Octave (interrompt avec
» vivacité Julie)....; mais ma
» mère...... d'où naissent ces
» pleurs que vous voulez vaine-
» ment me cacher ? quel nouveau
» malheur viendrait m'accabler ?
» A peine je m'endormais ! » —
» Donne-moi la main, (reprend
» Eustasia) tu vas être instruite à
» l'instant.. Songe, ma fille, qu'il
» est des évènemens où il faut
» s'armer d'un courage à toute
» épreuve.....Le ciel, Julie, est
» notre maître, c'est à nous de
» céder à ses décrets absolus. »
— « Que voulez-vous dire (s'écrie

» Julie) que me veut Octave ?...
» De grace éclaircissez le trouble
» où vous me jetez ?»

Eustasia ne répondait point; elle levait les yeux vers le ciel, et semblait, par son silence, préparer sa fille à une nouvelle accablante.

Elles sont entrées avec précipitation dans l'appartement d'Octave: Julie enfin a fixé ses regards , et sur quels objets ? ô Dieu ! elle apperçoit Laure plongée dans la plus vive douleur, les bras croisés, la bouche entrouverte , les yeux égarés ; Octave , Octave mourant, tous ses regards , toute son ame attachés sur son amante. A cet aspect, une autre même que Julie eût succombé d'effroi : elle va tomber aux pieds du lit de son

amant, n'a point la force de prononcer un seul mot, ne peut que
lui serrer la main entre la sienne,
et reste immobile.

« Approchez, approchez (lui
» dit Octave d'une voix éteinte)
» ô vous que je n'ose nommer !...
» Je sens que je touche à ma der-
» nière heure ; le ciel sans doute
» veut ma mort : je n'en murmure
» point ; il est équitable dans tous
» ses jugemens. » — « Votre mort!
» (interrompt Julie, en poussant
» un cri) , Octave ! .... je vous
» perdrais ! ». — « C'en est fait ,
» ma chère Julie , recevez mon
» éternel adieu ! C'est pour la
» dernière fois que vous voyez....
» un frère...... qui vous aime.
» Souvenez-vous du malheureux

» Octave ! Plaignez moi ; mais
» songez que vous avez une mère
» qui vous consolera de ma perte;
» ne vivez que pour elle seule !
» Votre vertu et le ciel vous sou-
» tiendront dans ces affreux re-
» vers. Adieu .... ma sœur ! sou-
» frez que je vous embrasse ! ce
» témoignage de tendresse m'est
» permis. Et vous, madame, (s'a-
» dressant à Laure) qui m'avez
» tenu lieu de mère, oubliez un
» infortuné qui, jusqu'à ce mo-
» ment, n'a pu vous donner des
» marques de sa reconnaissance.
» Si je vous fus cher, prenez soin
» de Julie : qu'elle occupe dans
» votre cœur la place que j'y te-
» nais : .... Que ma sœur ....
Il ne peut achever ; la sueur de

la mort s'est répandue sur son front ; ses yeux vont se fermer ; une subite agitation a surpris ses sens ; il arrose de ses larmes le cher objet d'une passion qui semblait encore l'animer ; il lui prend la main et, l'approchant de son cœur, il semble vouloir lui consacrer ses derniers soupirs.

Eustasia et Laure lui adressaient en vain la parole, il ne les entendait plus, il ne voit plus, même Julie ; son ame, qui est prête à le quitter, paraît ne s'arrêter encore que par le seul regret d'abandonner tout ce qui l'attachait à la vie.

Nous ne tenterons point de chercher à représenter la situation de Julie ; qu'on aime et qu'on

fixe ses regards sur cette image.
Eustasia fondait en larmes ; elle
craignoit même pour les jours de
sa fille : ce nouveau coup redou-
blait la pesanteur du premier.
Pour Laure, elle ne cessait d'em-
brasser Octave, de le serrer contre
son sein , et de lui adresser ses
plaintes et ses regrets , comme
s'il eût été en état de les partager.

Un bruit soudain qui s'élève
dans la cour , retire pour un moment ces victimes de la plus accablante infortune. Du sein de la
douleur, elles ouvrent avec peine
les yeux , et apperçoivent un
homme qui, quoiqu'extrêmement
pâle et défiguré, conservait encore
un air de noblesse et de grandeur
dans ses traits. Un autre homme,

qui semblait être son domestique, l'aidait à descendre de cheval , il monte à leur appartement comme Octave paraissait toucher à sa fin.

FIN

DE LA PREMIÈRE PARTIE.

9 782019 951320